# Pareys
# bunte
# Gartentips

In der Reihe

**Pareys
bunte
Gartentips**

sind bisher erschienen:

**Die Reihe wird fortgesetzt**

Michael Mäkeler

# Fruchtbarer Gartenboden durch richtige Bodenpflege und Düngung

Kompostieren, Mulchen, Düngen und den Boden richtig bearbeiten – die Voraussetzungen für ein erfolgreiches Gärtnern

Mit 23 Farbabbildungen, 29 Zeichnungen und 9 tabellarischen Übersichten

Verlag Paul Parey · Berlin und Hamburg

CIP-Titelaufnahme der Deutschen Bibliothek

**Mäkeler, Michael:**
Fruchtbarer Gartenboden durch richtige Bodenpflege und Düngung : kompostieren, mulchen, düngen und den Boden richtig bearbeiten - die Voraussetzungen für ein erfolgreiches Gärtnern / Michael Mäkeler. - Berlin ; Hamburg : Parey, 1990
  (Pareys bunte Gartentips)
  ISBN 3-489-62924-8

Abbildungsnachweis:
Fotos: H.-P. Blume (Seite 16, 17), A. Grambow (Seite 20, 42, 62, 72, 77, 78, 81, 82), M. Mäkeler (Seite 76), E. Stamm (Seite 75), Werkfoto Cramer-Technik GmbH (Seite 48), Werkfoto Normstahl-Werke (Seite 71 und Umschlagbild), Werkfoto Wolf Geräte (Seite 7, 47) Zeichnungen: Marianne Merz

© 1990
Verlag Paul Parey, Berlin und Hamburg.
Anschriften:
Lindenstraße 44–47, D-1000 Berlin 61;
Spitalerstraße 12, D-2000 Hamburg 1

ISBN 3-489-62924-8 - Printed in Germany

Schrift:
Times u. Kabel (Siemens-Satzsystem Diacos)

Umschlag:
Buchholz/Hinsch/Heusinger,
D-2000 Hamburg 73

Satz und Druck:
Druckerei Georg Appl,
D-8853 Wemding

Bindung:
Buchbinderei Bruno Helm,
D-1000 Berlin 30

# Vorwort

Nur ganz selten wird etwas besonders Wertvolles so mißachtet, wie der Boden. Das Sprichwort »mit den Füßen treten« trifft hier sogar von der Wortbedeutung her zu. Nun, das läßt sich nicht verhindern, aber, was dem Boden überall auf der Welt noch zugemutet wird, scheint manchmal dem Anspruch des Menschen, ein mit Vernunft begabtes Lebewesen zu sein, entgegenzustehen. Die Industriestaaten benutzen den Boden als Müllplatz oder als Fläche, deren Nutzwert nur darin besteht, daß man auf ihr etwas bauen kann. Täglich werden allein in der Bundesrepublik Deutschland Flächen in der Größenordnung von Quadratkilometern zugebaut. Aber auch den land- oder forstwirtschaftlich genutzten Böden geht es nicht viel besser. Einseitige Nutzung ohne Bodenregenerationsmaßnahmen in der Forstwirtschaft bzw. der Bodenraubbau in der »modernen« Landwirtschaft und der Einsatz immer größerer und schwererer Maschinen, führen zu einer ständigen Verschlechterung der Bodenqualität und damit der Lebensqualität. Durch falsche Bodenbearbeitung in der Landwirtschaft hat der Humusbestand in der Bundesrepublik seit 1900 um mehr als 20% abgenommen. Aber auch in den nicht industrialisierten Staaten steht es nicht viel besser. Hier werden Wälder gerodet und der nackte Boden der Witterung ausgesetzt, mit der Folge, daß der Boden »stirbt«. Eine deutliche Sprache spricht die ständige Ausdehnung der Wüsten, deren jährlicher Zuwachs größer ist als die gesamte Fläche Norddeutschlands. Trotz einiger Versuche die Ausbreitung zu stoppen (Begrünung und Bewässerung der Randzonen), beschleunigt sich die Wüstenbildung ständig.

Es steht so schlecht um die Böden, daß die Welternährungsorganisation (FAO) ein Schwerpunktprogramm zur Rettung und Sicherung der Böden vorgesehen hat. Die Maßnahmen in diesem Programm decken sich, sofern man sie für Gartenböden anwenden kann, weitgehend mit den in diesem Buch empfohlenen. Für die Durchführung dieses Programmes und die Änderung der Verhältnisse müssen die politisch Verantwortlichen Rechnung tragen, was aber in unserer persönlichen Umwelt, in unserem Garten geschieht, dafür tragen wir die Verantwortung selbst. Nur ein gesunder Boden (zusammen mit sauberer Luft und sauberem Wasser) kann uns ein Überleben auf lange Sicht ermöglichen. Wenn wir unser Bestes tun, unseren Boden zu pflegen und gesund zu erhalten, dankt er es uns mit reicher Pflanzenpracht, qualitativ hochwertiger Nahrung und einer gesteigerten Freude am Garten, die ja ein Teil der Lebensfreude sind.

In diesem Sinn möchte dieser »Gartentip« versuchen, das Verständnis für den Boden und die damit verbundenen Lebensvorgänge zu verbessern. Abschnittweise sollen Kenntnisse über den Bodenkörper, die Ernährung der Pflanze und damit das sinnvolle Düngen vermittelt werden. Um den Boden gesund zu erhalten bzw. wieder zu gesunden, ist die richtige Bodenbearbeitung äußerst wichtig. Aus diesem Grund wird ihr in diesem Buch ein zentraler

Platz eingeräumt. Das »Gold des Gärtners«, der Kompost, bleibt ebensowenig unerwähnt, wie die Bedeckung des Bodens mit Mulchmaterial und Gründüngungspflanzen. Alle Abschnitte enthalten wertvolle Praxistips und Entscheidungshilfen bzw. Arbeitsanleitungen. Daß ein Mehr an Bodenpflege nicht ein Mehr an Aufwand bedeutet, wird bei der Lektüre deutlich, daß darüber hinaus noch Geld gespart werden kann, wenn der Boden sinnvoll gepflegt wird, erscheint zunächst als Widerspruch. Ein einfaches Beispiel belegt jedoch die Richtigkeit: In einem Garten mit 250 m$^2$ Rasen, 100 m$^2$ Nutzgarten und 100 m$^2$ Gehölz-Beetfläche fallen pro Jahr ca. 14 m$^3$ organische Substanz als »Abfall« an. Wenn man jedoch im Sinne einer guten Bodenpflege diesen »Abfall« verkompostiert, entsteht daraus ca. 1,15 m$^3$ Kompost. Dieser enthält ca. 40 kg reine Nährstoffe. Muß diese Nährstoffmenge in Form von Mineraldünger zugekauft werden, wird die Haushaltskasse um mindestens 100,- DM »erleichtert«.

Wie aus diesem Beispiel ersichtlich, läßt sich fast immer das Sinnvolle mit dem Angenehmen verbinden. Diesem Aspekt trägt dieses Buch ebenfalls Rechnung. Auch komplizierte Zusammenhänge werden für jeden Gartenfreund verständlich aufbereitet.

Und nun viel Erfolg bei der Lektüre dieses Büchleins und der anschließenden Arbeit im Garten!

Für zahlreiche wertvolle Anregungen und Unterstützung bei der Niederschrift dieses Bändchens danke ich Jörg Brendel, Andreas Hunte, Jörg Viemann sowie meiner Frau.

Lilienthal 1990                    Michael Mäkeler

# Inhalt

Torf im Garten 57   Schadstoffe im Boden – Schnelltest 58
Bodenbewegungen bei Errichtung von Bauwerken 58
Standortangepaßte Bodennutzung 60

# 6
# Kompost

Bedeutung der Kompostierung 63   Kompostmaterial 65
Standort des Komposts 66   Der Rotteprozeß und seine Steuerung 67
Arten der Kompostierung 70   Verwendung des Kompostes 71
Zehn Regeln für die Kompostbereitung 73

# 7
# Mulchen und Gründüngung

Rückblicke, Einsichten 74   Das Mulchen 74   Gründüngung 77

# 8
# Der Regenwurm – des Gärtners bester Freund

# 9
# Grundsätze der Bodenpflege – eine Zusammenfassung

# 10
# Kleines Lexikon der Bodenkunde, Pflanzenernährung
# und Düngung

# Weiterführende Literatur

# Sachregister

# 1
# Einleitung

Zunächst wollen wir einen Blick in die Geschichte der Bodenpflege werfen. Solange ausreichend Boden vorhanden war, d. h. wenig Menschen auf der Erde lebten, erstreckte sich die Bodenpflege ausschließlich auf das Problem der Düngung, oder besser gesagt, auf den Nährstoffmangel im Boden.

Vom Steinzeitmenschen, gerade seßhaft geworden, ist bekannt, daß er stets nach einigen Jahren den »Wohnort« wechselte. Der Grund ist darin zu finden, daß er einen primitiven Hackbau betrieb. Der Boden wurde zwar nur mäßig belastet, nach einigen Jahren waren jedoch seine Nährstoffvorräte aufgebraucht. Der Steinzeitmensch, der ja noch nichts von Pflanzenernährung wußte, nahm die nachlassenden Erträge zum Anlaß, weiterzuziehen.

Kenntnisse über so etwas wie Düngung waren jedoch schon bei den frühen Kulturen der Inkas und im alten China vorhanden. Hier wurde bereits eine relativ ausgefeilte Kompostwirtschaft betrieben.

Wissenschaftlich untersucht wurde das Problem schon vor unserer Zeitrechnung. Die Griechen verfügten über gute Kenntnisse des Düngens. So lobte z. B. ihr bekannter Dichter Homer die Wirkung des Stallmistes als Dünger.

Den ersten wirklich entscheidenden Schritt verdanken wir Aristoteles (384–320 v. Chr.). Er formulierte die »Humustheorie«, die bis 1840 unumstritten war. Die Humustheorie besagt, daß die Pflanze sich von Humusstoffen aus dem Boden ernährt und nach ihrem Tod wieder zu Humus wird. Aristoteles erkannte also früh die entscheidende Rolle des Humus bei der Erhaltung des Lebens. Um 1840 formulierten drei Forscher, Boussingault, Sprengel und von Liebig die Mineralstofftheorie. Justus von Liebig verhalf ihr zum Durchbruch und wird deshalb heute oft als alleiniger Entdecker der Mineralstofftheorie genannt. Diese Theorie besagt: Eine Pflanze, die stirbt, wird zu Humus abgebaut, aus diesem Humus wiederum werden Mineralstoffe freigesetzt, welche dann eine andere Pflanze aufnimmt. Diese Theorie hat bis heute ihre Gültigkeit behalten.

In früheren Zeiten wurde der Boden hoch geachtet, wie zahlreiche geschichtliche Funde belegen, aber es wurden auch schon fatale Fehler begangen; so führte z. B. intensivierter Ackerbau ohne Fruchtwechsel zu einer Bodenmüdigkeit, die große Gebiete unfruchtbar machte, was schließlich zu der, aus dem Geschichtsunterricht bekannten, Völkerwanderung führte.

Zum Abschluß dieser kleinen geschichtlichen Exkursion ein Zitat des Bodenkundlers F. A. Fallon, der bereits 1862 das noch heute Gültige sagte: »Es gibt in der ganzen Natur keinen wichtigeren, keinen der Betrachtung würdigeren Gegenstand als den Boden! Es ist ja der Boden, welcher die Erde zu einem freundlichen Wohnsitz der Menschen macht, er allein ist es, welcher das zahllose Heer der Wesen erzeugt und ernährt, auf welchem die ganze belebte Schöpfung und unsere eigene Existenz letztlich beruhen«.

Um zu ermessen, womit wir es zu tun haben,

wenn wir vom Boden sprechen, einige interessante Fakten:

Die Erde ist vom Mittelpunkt bis zur Erdoberfläche ca. 6350 km stark; die Schicht, die uns alle ernährt, das Pflanzenwachstum ermöglicht, einfach gesagt: die Grundlage des Lebens darstellt, ist im Durchschnitt nur 25 cm stark und bedeckt dabei nur ca. ein Drittel der Erdoberfläche.

Eine Handvoll gesunder Gartenerde aus der oberen Schicht enthält ca. 4 Milliarden Lebewesen, das sind mehr als es Menschen auf der Erde gibt.

Oberboden aus Mitteleuropa besteht zu ca. 4% aus Klein- und Kleinstlebewesen. 4% klingt nach nicht viel, aber umgerechnet auf einen Hektar sind das ca. 1 Tonne Bodenlebewesen. Der Futterertrag eines Hektars ernährt etwa 2 Rinder von je 500 kg. Mit anderen Worten: der Boden ernährt unter der Oberfläche genausoviel »Biomasse« wie über der Oberfläche.

Angesichts dieser Zahlen stellt sich so etwas wie Respekt oder Ehrfurcht vor dem Boden ein. Dieses Gefühl sollte man sich bewahren und sich bei jeder Arbeit am oder mit dem Boden vergegenwärtigen, denn, wenn wir auch weitgehend in die Lebensvorgänge des Bodens eingreifen, dürfen wir nicht glauben, den Boden umfassend regulieren oder gar beherrschen zu können. Selbst heute, da der Mensch ins Weltall fliegt und die Technik der Atomspaltung nutzt, sind noch längst nicht alle Lebensvorgänge und Zusammenhänge zwischen Boden und Pflanze erforscht.

**Nahrungskreislauf in der Natur:**
Nur die Pflanze ist in der Lage, energiereiche organische Substanz aus anorganischer Substanz (Mineralstoffen, Wasser und Kohlendioxid) herzustellen. Tier und Mensch sowie die Bodenorganismen leben direkt (Pflanzenfresser) oder indirekt (Fleischfresser) von der grünen Pflanze.
Die Pflanze wiederum ernährt sich von den »Abfällen« der anderen

# 2
# Der Boden

## Entstehung und Entwicklung der Böden

Der Boden, auf dem unsere Häuser stehen, oder unsere Nahrung wächst, ist uns derart selbstverständlich, daß sich kaum jemand vor Augen führt, wie er entstanden ist und daß er sich langsam aber ständig verändert. Am Anfang der Bodenentwicklung stehen die Gesteine, die je nach ihrer Entstehung, Vulkangestein, Ablagerungsgestein etc. über unterschiedliche Eigenschaften verfügen. Auf diese Gesteine wirkt das Klima ein, so führt z. B. eine starke Erwärmung an der Oberfläche bei niedrigen Temperaturen im Inneren des Gesteins zu Spannungen. Die Folge davon ist Rißbildung. In diese Risse sickert Wasser, das bei Frost gefriert und den Stein auseinander sprengt, wodurch sich die Oberfläche vergrößert. An der größeren Oberfläche können chemische Prozesse (z. B. Oxidation von Erzen) vermehrt stattfinden, was die Steine weiter verkleinert. Diese relativ kleinen Steine können nun von Wasser oder Wind forttransportiert werden, wobei sie durch Abrieb immer stärker zerkleinert werden. Auf diesem »Rohboden« siedeln sich erste Pflanzen an, die durch Wurzelausscheidungen und Verrottungsprodukte zur Bildung der heute bekannten Böden führten. Da diese Prozesse je nach Standort und Ausgangsgestein unterschiedlich stark ausgeprägt stattfanden oder in anderen Klimazonen andere Prozesse auftraten, bildeten sich an verschiedenen Standorten unterschiedliche Böden. Diese Böden werden in sogenannte Bodentypen eingeteilt.

## Bodentypen

Unter einem Bodentyp versteht man einen Boden in einem bestimmten Entwicklungszustand, der in einer bestimmten »Schichtabfolge« (genauer Horizontfolge) zum Ausdruck kommt. Um den Bodentyp festzustellen, geht man folgendermaßen vor: Mit dem Spaten wird ein Loch gegraben – in der Fachsprache heißt das: ein Bodenprofil freigelegt – oder ein Bodeneinstich mit einem Bohrstock vorgenommen; auch an Baugrubenwänden ist die Schichtabfolge gut zu sehen. Aufgrund der Schichtenfolge (also aufgrund des Bodenprofils) läßt sich der Boden nun einem bestimmten Typ zuordnen. Das Profil läßt weiterhin Rückschlüsse auf die Bodenfruchtbarkeit, die Wasserverhältnisse und die möglichen bzw. nötigen Bearbeitungsmaßnahmen zu.

In der Bundesrepublik Deutschland sind u. a. die Bodentypen Podsol, Parabraunerde, Rendzina und Schwarzerde von Bedeutung. Sie sollen deshalb nachfolgend näher beschrieben werden.

▶ Beginnen wir mit der *Parabraunerde;* sie kommt kleinflächig fast in der gesamten Bundesrepublik Deutschland vor, im Osten Schleswig-Holsteins, in Südbayern sowie in Südniedersachsen sogar großflächig.

Die Entstehung verschiedener Bodentypen

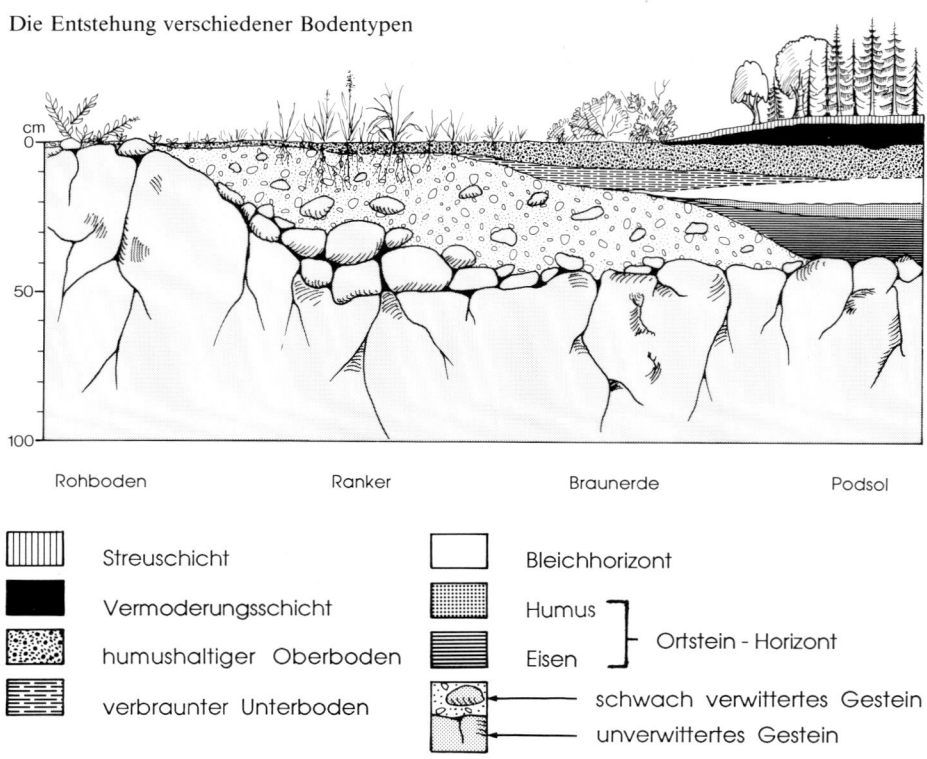

| | | | |
|---|---|---|---|
| Rohboden | Ranker | Braunerde | Podsol |

Streuschicht

Vermoderungsschicht

humushaltiger Oberboden

verbraunter Unterboden

Bleichhorizont

Humus ⎤
            ⎬ Ortstein - Horizont
Eisen   ⎦

schwach verwittertes Gestein

unverwittertes Gestein

Die Parabraunerde eignet sich bei guter Bodenbehandlung sehr gut als Gartenboden und ist in der Landwirtschaft sehr ertragreich. Die oberste Schicht besteht aus graubraunem, lehmigem Feinsand, der relativ wenig Humus (dunkle Teilchen) enthält. Diese Schicht ist ca. 25 cm stark und weist eine Krümel- oder Bröckelstruktur auf (die Bodenteilchen haften zu feineren »Krümeln« oder gröberen »Bröckeln« zusammen), die porös und gut durchwurzelbar ist. Im Bereich zwischen 25 cm und 50 cm bleibt die Krümelstruktur fast unverändert, der Humusgehalt wird jedoch noch geringer. Die Farbe des lehmigen Feinsandes geht in Ockerbraun über. In größerer Tiefe wird die Struktur gröber und die Farbe heller. Das Ausgangsgestein steht eventuell erst in 100 bis 200 cm Tiefe an.

▶ Weitaus problematischer aus gärtnerischer Sicht ist der *Podsol* oder die Bleicherde. Landwirtschaftlich wird der Podsol fast nicht genutzt, dafür hat er als Forststandort (Kiefer, Birke) Bedeutung. Soll der Podsol als Gartenboden genutzt werden, empfiehlt sich ein Durchbrechen der Ortsteinschicht sowie die häufige Zufuhr von Humus durch Mulchen oder Gründüngung. Podsole finden sich vornehmlich in Schleswig-Holstein, Niedersachsen und Nord-Bayern.
Der unbearbeitete Podsol hat eine ca. 5–10 cm starke Rohhumusauflage (das ist eine wenig zersetzte Humusart). Die darunterliegende oberste Bodenschicht ist ca. 5 cm stark und besteht aus schwarzgrauem Sand, der mit Humus durchsetzt ist. Diese Schicht geht in den sogenannten Bleichhorizont (daher Bleicherde)

über. Der Bleichhorizont besteht aus grobem Sand mit hellgrauer oder weißer Färbung. Er enthält wenig Humus. Bis hier (ca. 25 cm) ist der Podsol durchwurzelbar. Darunter folgt die 10-15 cm starke Ortstein- oder Orterdeschicht. Die aus dem Bleichhorizont ausgewaschenen Eisenverbindungen bilden mit dem sandigen Material eine meist wasserundurchlässige Schicht. In noch größerer Tiefe (ca. 40-120 cm) findet sich rotgelber Sand, der vereinzelt von Ortsteinbändern durchzogen ist und nach unten grobkörniger und heller wird. Jede Bodenbearbeitung fördert langfristig die Podsolbildung, bei falscher Bodenbehandlung kann innerhalb einer Generation aus einem guten Boden ein podsolähnlicher Boden entstehen. Deshalb sollte immer sehr genau abgewägt werden, ob Maßnahmen wie Umgraben, Fräsen oder gar Pflügen unbedingt nötig sind und im Zweifel ist eher darauf zu verzichten.

▶ Durchaus tauglich als Gartenboden ist der Bodentyp *Rendzina*. Er entstand aus Karbonat- und Gipsgesteinen, weist also einen hohen Tongehalt auf. Wie alle schweren Böden muß er zur gärtnerischen Nutzung etwas abgemagert und mit Humus versorgt werden. Rendzinen finden sich vornehmlich im Rheinischen Schiefergebirge, in Südwestdeutschland, Nordhessen, Ostwestfalen, der Schwäbischen sowie Fränkischen Alb und in der Eifel. Rendzinen bestehen aus nur zwei Schichten; die obere, in der Regel 25-30 cm (max. 50 cm) starke Schicht weist relativ humosen tonhaltigen Boden auf. Unter dieser dunklen Schicht befindet sich meist ohne Übergangsschicht das helle Ausgangsgestein (Carbonat oder Gips).

▶ Der fruchtbarste Gartenboden schlechthin ist die *Schwarzerde*. Der Humusgehalt, die Struktur, durchwurzelbare Tiefe sowie die Luft- und Wasserführung sind bei der Schwarzerde optimal ausgeprägt, wodurch sie zum Traum eines jeden Gärtners wird. Leider findet sich die Schwarzerde in der Bundesrepublik lediglich in der Hildesheimer Börde, ist also nur von untergeordneter Bedeutung für die Gärten. Sie soll jedoch hier angeführt werden, weil sie als Leitbild fungieren soll. Jeder Gärtner wird versuchen, seinen Boden in Richtung Schwarzerde zu verbessern, deshalb

seien noch einmal die wichtigsten Eigenschaften aufgelistet:
• sehr humusreich
• reiches Bodenleben
• guter Lufthaushalt
• guter Wasserhaushalt
• guter Nährstoffhaushalt
• günstiger pH-Wert (schwach sauer)
• hervorragende Krümelstruktur.

Die Schwarzerde besteht in den oberen 50-150 cm aus stark humosem Löß mit einer idealen Struktur. Darunter liegt eine Übergangsschicht aus Löß mit relativ vielen Steinen. Nach weiteren 20 cm Tiefe steht das Ausgangsgestein an.

Die angegebenen »Mächtigkeiten« der Schichten (Horizonte) sind als durchschnittliche Angaben zu verstehen. Da die Entwicklung der Bodentypen von sehr vielen ortsspezifischen Faktoren abhängig ist, können die Schichtstärken sehr schwanken, die Schichtabfolge ist jedoch für einen bestimmten Bodentyp immer gleich.

# Zusammensetzung der Böden

Bei oberflächlicher Betrachtung ist der Boden eine einheitliche, mehr oder weniger braune Masse. Wenn man ihn jedoch näher untersucht, stellt man fest, daß er aus vielen unterschiedlichen Teilen besteht, die teils fest (mineralische und organische Bodenteilchen), teils flüssig (Bodenwasser) oder sogar gasförmig (Bodenluft) sind. Der Fachmann spricht daher von einem 3-Phasen-Gemisch. Für die Praxis werden die Böden nach dem größten Anteil, nämlich der mineralischen Substanz eingeteilt. Diese Mischung aus Ton, Schluff und Sand bestimmt die Eigenschaften eines Bodens grundlegend. Wichtig sind jedoch auch Bodenwasser und Bodenluft sowie der prozentual kleinste Bestandteil, die organische Substanz. Die Qualität des Bodens, bzw. das sinnvolle »Funktionieren« des Bodens gehen aber immer auf alle Teile gemeinsam zurück, so daß ein Boden immer als Einheit zu sehen ist. Eine Veränderung eines Anteils wirkt sich stets auch auf die anderen Teile aus. Dieser Umstand ist bei jeder Bodenpflegemaßnahme zu bedenken.

Die Rendzina entsteht auf kalkhaltigem Ausgangsgestein, ist flachgründig und bildet daher einen sehr steinigen Gartenboden

Die Parabraunerde entsteht auf lehmhaltigem Ausgangsgestein wie Geschiebelehm, ist meist nährstoffreich und tiefgründig, aber schwer zu bearbeiten

▶ **Mineralische Bodensubstanz:** Sie besteht aus kleinen Teilchen des verwitterten Ausgangsgesteins. Die Verwitterung findet durch physikalische (Temperatur-, Frostsprengung, Salzsprengung), chemische (Lösen in Wasser, Säureeinfluß, Oxidation) und biologische (Wurzelsprengung) Vorgänge statt. Wind und Wasser transportierten schließlich Teile des verwitterten Gesteins an den jetzigen Standort. Diese Teile werden nach der Größe unterschieden. Die größten sind die Steine, sie sind größer als 2 mm im Durchmesser. Steine genießen bei den Gärtnern kein hohes Ansehen, haben aber dennoch eine wichtige Aufgabe, sie gleichen die Temperaturunterschiede im Boden aus und sorgen für eine gute Durchlüftung. Darüber hinaus verwittern Steine und versorgen den Boden so mit Mineralien. Die nächstkleineren Teile heißen Sand. Sand hat einen Durchmes-

ser von 0,063 bis 2 mm. Teile von 0,063 bis 0,002 mm Durchmesser heißen Schluff, die noch kleineren Ton. Die Verteilung von Sand, Schluff und Ton gibt dem Boden seinen Namen, im einfachsten Fall schwerer (viel Ton), mittlerer (von allem etwas) oder leichter (viel Sand) Boden, oder genauer z. B. schluffiger Ton, sandiger Lehm, toniger Sand etc. (siehe Bodenartendiagramm). Der häufig genannte Begriff Lehm wird benutzt für eine Mischung aus Sand, Schluff und Ton im Verhältnis von ca. 40% : 30% : 30%.

Als Gartenboden bestens geeignet ist sandiger Lehm oder lehmiger Sand (mittlerer bis leichter Boden); hier sind alle Korngrößen (Sand, Schluff, Ton) enthalten (das ist besser als sogenannte einförmige Böden, die nur wenig verschiedene Korngrößen enthalten). Der Luft- sowie der Wasserhaushalt sind ausgeglichen

Der Podsol entsteht meist auf stark sandhaltigem Ausgangsgestein wie Geschiebesand, ist kalk- und nährstoffarm, aber leicht zu bearbeiten

und die Bearbeitbarkeit ist sehr gut. Die Herkunft, also das Ausgangsgestein spielt eine nur untergeordnete Rolle, hat aber Auswirkungen auf den pH-Wert des Bodens. Der Anteil mineralischer Substanz am Gesamtboden beträgt ca. 45%.

► **Organische Bodensubstanz:** Der zweite feste Bestandteil des Bodens ist die organische Substanz. Sie besteht aus drei Teilen und nimmt ca. 5% des Bodens ein. Die Bestandteile sind lebende Pflanzenwurzeln (ca. 10% der organischen Substanz oder 0,5% des Bodens), Bodenlebewesen (5% der organischen Substanz, 0,25% des Bodens) und Humus (85% der organischen Substanz, 4,25% des Bodens). Die ökologische Bedeutung des Humus ist dem Kapitel Kompost zu entnehmen. Die Bedeutung für den Bodenkörper an sich ist – je nach Humusart – folgende:

Die Schwarzerde entsteht auf Löß und ist wegen ihres guten Wasser-, Luft- und Nährstoffhaushaltes sowie ihres hohen Humusgehaltes als idealer Gartenboden anzusehen

• Rohhumus dient als Mulchschicht,
• Dauerhumus bewirkt eine Strukturverbesserung, besonders im Hinblick auf den Lufthaushalt,
• Nährhumus schließlich ist schnell abbaubar und versorgt so das Bodenleben und die Pflanzen mit Nährstoffen.

Abgestorbene Biomasse, z. B. ein Laubblatt, durchläuft alle oben genannten Formen des Humus: Zunächst, frisch zu Boden gefallen, ist es Rohhumus. Das Blatt wird dann von größeren Bodentieren zerkleinert und mit Boden durchmischt. Dabei werden die Zellwände und die Blattadern nur sehr langsam zersetzt und bilden den Dauerhumus. Der Inhalt der Zellen und halb zersetzte Teile der Zellwände sowie der Blattadern lassen sich dagegen schnell abbauen, sie bilden den Nährhumus.

**Zusammensetzung des Bodens**

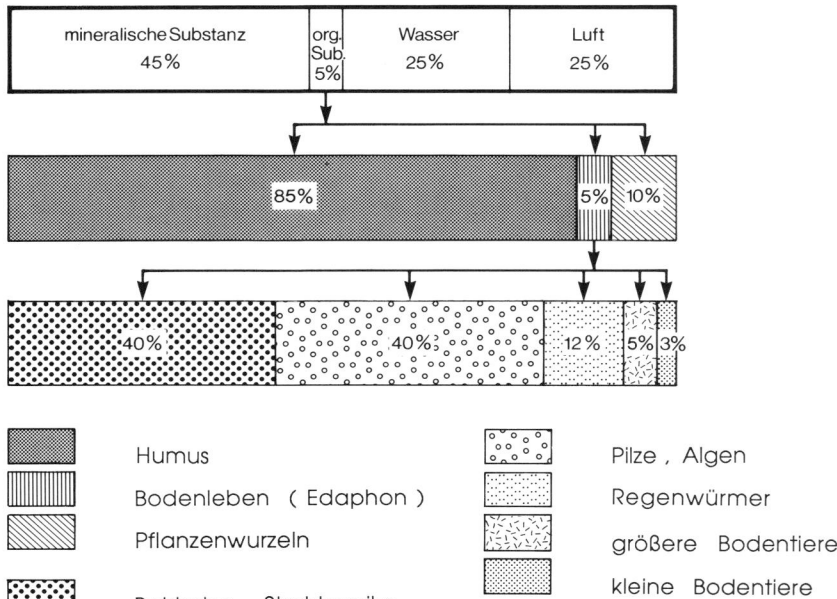

| | |
|---|---|
| Humus | Pilze , Algen |
| Bodenleben ( Edaphon ) | Regenwürmer |
| Pflanzenwurzeln | größere Bodentiere |
| Bakterien , Strahlenpilze | kleine Bodentiere |

Zusammengefaßt sind die Aufgaben des Humus folgende:
- Verbesserung der Luft- und Wasserführung,
- Schaffung einer guten Bodenstruktur,
- Versorgung des Bodens mit Nährstoffen sowie
- Erhöhung der Nährstoffspeicherfähigkeit des Bodens.

▶ **Bodenfauna und Bodenflora:** Die Bodenfauna setzt sich aus tierischen Lebewesen zusammen, vor allem Käfern, Tausendfüßlern, Asseln, Krebstierchen, Milben, Schnecken sowie zahlreichen Wurmarten (Borsten-, Faden- und Regenwürmern). Sie zerkleinern organische Stoffe, wandeln Roh- in Dauerhumus um, durchmischen diesen mit dem Boden und fördern so die Durchlüftung. Den Hauptteil hieran haben die Regenwürmer (siehe hierzu auch Kap. 8 Der Regenwurm – des Gärtners bester Feund), deren Gänge in fruchtbaren Böden noch in 2 m Tiefe zu finden sind. Diese Gänge sind Kanäle für Luft und Wasser und bahnen

nicht selten den Pflanzenwurzeln den Weg in tiefere Bodenschichten. Auf einem gesunden Boden werden pro Jahr und Quadratmeter etwa 8 kg Erde im Darm der Würmer mit Humus durchmischt.

Zur Bodenflora gehören die Bodenbakterien oder auch »Spaltpilze«. Sie sind lediglich 0,001–0,005 mm groß, dafür ist ihre Zahl jedoch riesig. Bodenbakterien nehmen an fast allen Stoffumsetzungen im Boden teil. Sie verwandeln Dauer- in Nährhumus und Nährhumus in anorganische Verbindungen (Minerale), die dann von den Pflanzen aufgenommen werden. Bodenbakterien fördern die Krümelstruktur des Bodens, da ihre Körper die Bodenteile miteinander verkleben. Zu bedenken ist weiterhin, daß es luftliebende (aerobe) und luftfeindliche (anaerobe) Bakterien gibt. Die positiven Wirkungen gehen von den aeroben Bakterien aus, aus diesem Grund ist stets für gute Bodendurchlüftung (Sauerstoffzufuhr) zu sorgen. Bei mangelhafter oder fehlender Bodendurchlüf-

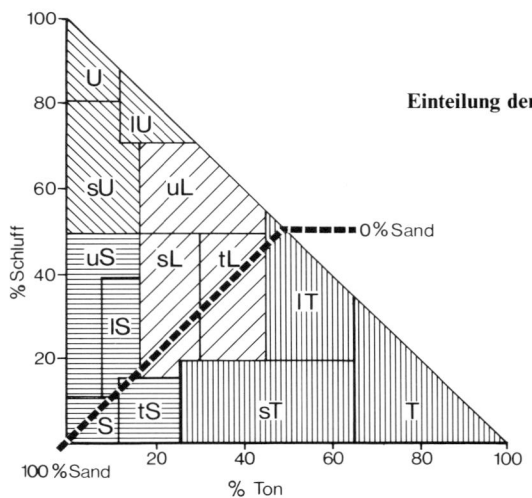

**Einteilung der Bodenarten**

Zeichenerklärung:

S , s : Sand , sandig

L , l : Lehm , lehmig

U , u : Schluff , schluffig

T , t : Ton , tonig

tung vermehren sich die anaeroben Bakterien, die aeroben sterben ab. Es wird zwar immer noch organische Substanz abgebaut, jedoch nur unvollständig, was zur Fäulnis führt. Diese schädigt im Garten direkt und indirekt durch die dabei entstehenden Gase, die im Boden die Pflanzenwurzeln schädigen und ganze Pflanzenbestände vergiften können. Bei der Fäulnis entstehen Säuren, die das Pflanzenwachstum hemmen. Unter den Bakterien gibt es eine Vielzahl von Spezialisten, die sich auf z. B. Zellulose-, Eiweiß- oder Pektinumsetzung spezialisiert haben.

Zusammenfassend kann gesagt werden, daß die Aufgaben des Bodenlebens folgende sind:
- Die Rückverwandlung lebender organischer Substanz zu Kohlendioxid, Wasser und Ammoniak bzw. Nitrat; damit wird neues Leben ermöglicht.
- Bildung von Humus als Zwischenstufe dieses Abbaues. Damit Bildung von Boden und dauerhaften Ton-Humus-Komplexen.
- Durch den Abbau von Nährhumus sowie den Aufschluß von Gestein und Dauerhumus werden den höheren Pflan-

zen laufend Nährstoffe zur Verfügung gestellt.
- Das Bodenleben fixiert Luftstickstoff und macht ihn für höhere Pflanzen aufnehmbar.
- Bodenleben hält Nährstoffe in seinen Organismen fest und verhindert damit Auswaschung.
- Bodenleben der Rhizosphäre (Wurzelbereich) versorgt viele Pflanzen direkt mit Nährstoffen aus der Umgebung (Mykorrhiza).
- Das Bodenleben produziert Fermente, Wuchsstoffe, Vitamine, Antibiotika: ein entscheidender Beitrag zur Gesunderhaltung der Pflanzen.
- Je artenreicher das Bodenleben, desto geringer ist die Gefahr der Übervermehrung einer Art (die Übervermehrung einer Art kann zu Bodenmüdigkeit und Pflanzenkrankheiten führen).
- Die Bodenfauna ist mit den Pilzen in enger Gemeinschaft an der Lebendverbauung der Bodenteilchen beteiligt. Darunter versteht man das Verkleben der Bodenteilchen durch tierische Schleimstoffe oder das Zusammenhalten durch Pilzgeflechte (Myzel). Es entsteht eine soge-

nannte Bodengare mit den Vorteilen der Strukturstabilität, einem guten Luft- und Wasserhaushalt.

▶ **Bodenwasser:** Es nimmt ca. 25% des Bodenvolumens ein. Bodenwasser entsteht aus Niederschlägen oder Gießwasser. In der Bundesrepublik Deutschland fallen pro Jahr etwa 600–700 mm Wasser pro m$^2$, das entspricht 600–700 l/m$^2$ im Jahr oder knapp 2 l/Tag. Dieses Wasser sickert in den Boden, gelangt jedoch nicht vollständig ins Grundwasser, sondern wird zum großen Teil vom Boden aufgenommen. Dort bildet es zusammen mit dem aus dem Grundwasser aufsteigenden Wasser das Bodenwasser. Es haftet an und zwischen feinsten Ton- und Humusteilchen (Haftwasser) und ist dort größtenteils pflanzenverfügbar. Lediglich der Teil, der mit mehr als 15 bar festgehalten wird, ist selbst an heißen Sommertagen nicht für die Pflanze nutzbar. Die Aufgaben des Bodenwassers lassen sich wie folgt beschreiben:
• Lösen und Transportieren von Nährstoffen,
• Lebenselexier für Pflanzen und Bodenlebewesen,
• Schutz vor Winderosion, indem es die Bodenteile verklebt,
• Ausgleich von Bodentemperaturschwankungen.

Um zu gewährleisten, daß diese wichtigen Funktionen aufrecht erhalten bleiben, sollte ein starkes Absinken der Bodenfeuchte verhindert werden. Geeignete Maßnahmen hierzu sind: Mulchen, Unterpflanzen, flache Bodenbearbeitung (Zerstörung der Verdunstungsporen – Kapillarverdunstung), Windschutz (Hekken – keine Mauern, da Mauern keinen geeigneten Windschutz bieten) und die Versorgung des Bodens mit organischer Substanz (gute Struktur).

▶

Kellerasseln (Mitte) sind wichtige Erstzersetzer von totem Pflanzenmaterial, während die Erdläufer (oben) und die Steinläufer (unten) räuberisch von anderen Bodentieren leben

20

Ein Zuviel an Bodenwasser kann die Pflanzen und den Boden jedoch schädigen. Um einer Versauerung und Verdichtung (Verschlämmung) entgegenzuwirken, muß dann entwässert werden. Geeignete Maßnahmen hierzu sind dem Kapitel Bodenbearbeitung und Bodenverbesserung zu entnehmen.

▶ **Bodenluft:** Die letzten 25% des Bodenvolumens werden vom gasförmigen Bestandteil der Bodenluft eingenommen. Die Bodenluft übernimmt die Gastransporte des Bodens, d. h. sie transportiert Sauerstoff zu den Pflanzenwurzeln bzw. zum Bodenleben und befördert das durch Atmung entstehende Kohlendioxid wieder an die Oberfläche. Die Durchlüftung ist auf allen leichten Böden gewährleistet, auf schweren Böden oder bei hohem Grundwasserstand läßt sie dagegen oft zu wünschen übrig. Geeignete Verbesserungsmaßnahmen können Sie dem Kapitel »Bodenbearbeitung« entnehmen.

## Poren, Krümel, Kolloide

In den vorangegangenen Abschnitten ist häufig von der Bedeutung der Bodenstruktur die Rede gewesen. Die Bodenstruktur entscheidet über die Leistungsfähigkeit des Bodens; viele Stoffkreisläufe und die biologische Funktion des Bodens können nur bei guter Struktur gewährleistet werden. Der Gärtner sollte also wissen, was eine gute Bodenstruktur ausmacht: Ein ausgewogenes Verhältnis von fester Bodensubstanz und Poren.

Poren sind die Zwischenräume zwischen den festen Bodenbestandteilen. Sie speichern Wasser, lassen es versickern oder aufsteigen, regulieren also den Wasserhaushalt. Sie sind gleichermaßen der Luftspeicher des Bodens, sichern also die Atmung der Pflanzenwurzeln und der Bodenlebewesen. Um diesen grundverschiedenen Aufgaben gerecht werden zu können, bedarf es unterschiedlich großer Poren: *Grobporen, Mittelporen* und *Feinporen.*

• *Grobporen* haben einen Durchmesser von 10 μm (1 μm = ¹⁄₁₀₀₀ mm!) und mehr. Sie können aufgrund ihrer Größe kein Wasser binden, lassen also Niederschläge zügig versickern. Ihre zweite Aufgabe ist die der Luftspeicherung.

Springschwänze sind Folgezersetzer, benagen höchstens einmal Blätter, fressen Bakterien, Algen und Pilzhyphen.

Hornmilben sind Primärzersetzer, benagen Blätter, Nadeln und Holzreste; sie sind bedeutende Streuzersetzer in Rohhumusauflagen der Nadelwälder.

Saftkugler ernähren sich von Pflanzenresten.

Ohrwürmer ernähren sich von Streuresten und Pilzhyphen.

Fadenwürmer oder Nematoden verzehren Protozoen, Bakterien, Algen, Pilze und verwesendes organisches Material.

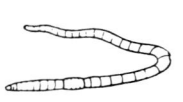

Kleine Borstenwürmer sind Folgezersetzer bereits zerkleinerter und vorzersetzter Streu und Losung anderer Tiere; sie graben im Boden nicht, sondern bewegen sich in bereits vorhandenen Bodenhohlräumen.

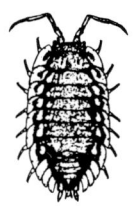

Landasseln benagen vor allem abgefallene Blätter und sind bedeutende Erstzersetzer.

Sie sind deshalb maßgebend für den Lufthaushalt des Bodens. Grobporen finden sich verstärkt in sandigen Böden und in Dauerhumus.

• *Feinporen* haben einen Durchmesser von weniger als 0,2 μm. Sie enthalten nur Wasser, welches fest gebunden wird. Dieses Wasser sorgt erstens für den Zusammenhalt des Bodens (Klebewirkung) und stellt zweitens den Wasservorrat des Bodens dar. Die Pflanzen decken ihren Wasserbedarf bei trockenem Wetter aus den Feinporen. Dabei üben sie einen Sog aus, der durch die Kapillarwirkung in den Feinporen Wasser aus tieferen Bodenschichten in die Wurzelzone zieht. Feinporen sind also maßgebend für den Wasserhaushalt des Bodens. Feinporen finden sich hauptsächlich in Tonböden und stark zersetztem Nährhumus.

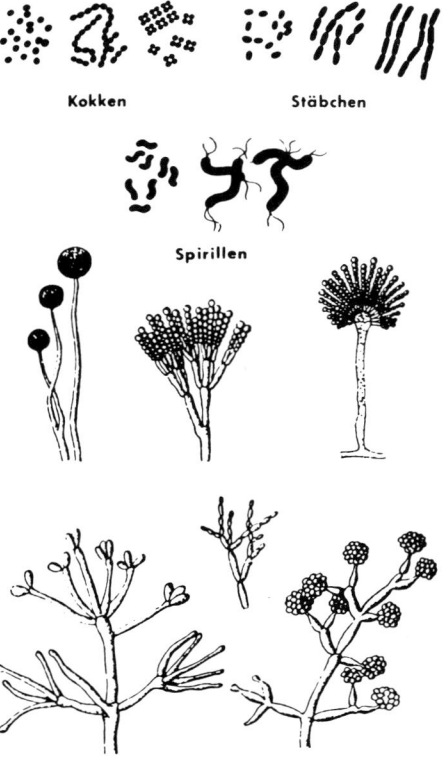

**Kokken**  **Stäbchen**

**Spirillen**

• *Mittelporen* liegen in der Größe zwischen Fein- und Grobporen. Auch die Aufgabe der Mittelporen läßt sich zwischen den beiden Extremen einordnen. Sie speichern nach Niederschlägen Wasser, welches aber nur locker gebunden wird und somit sehr gut pflanzenverfügbar ist. Die lockere Bindung des Wassers läßt bei zu starken Niederschlägen ein zügiges Versickern zu. Beide Eigenschaften kommen dem Wasserhaushalt zugute. Mit zunehmendem Abtrocknen des Bodens füllen sich die Mittelporen immer stärker mit Luft, verbessern also die Luftführung. Mittelporen treten verstärkt in schluffigen Böden und Nährhumus auf.

Ein optimales Verhältnis der Porengrößen zueinander sichert also Luft- und Wasserhaushalt. Ausgewogen ist dieses Verhältnis von Natur aus bei (sandigem) Lehm, der aus Sand (Grobporen), Schluff (Mittelporen) und Ton (Feinporen) besteht. Bei allen anderen Böden muß dieses günstige Verhältnis durch das Bodenleben mit Unterstützung des Gärtners hergestellt werden. Wie kommen nun aber die Grobporen in Tonböden oder die Feinporen in Sandböden? Die Antwort erscheint schwierig, ist sie aber gar nicht, wenn man sich vor Augen hält, das im gesunden (belebten) Boden die Einzelteile nicht einfach nebeneinander liegen, sondern miteinander in Verbindung stehen. Die unterschiedlich großen Bodenteile werden vom Bodenleben, besonders dem Regenwurm, ständig durchmischt, dabei von ihren Verdauungsprodukten verklebt, sowie von Pilzfäden verschnürt und von Kalk durch sogenannten Ladungsausgleich miteinander verbunden. Es entstehen dabei unregelmäßige Gebilde aus Tonteilchen und organischer Substanz. Diese Teile besitzen im Inneren natürlich auch kleine Poren und zwischen diesen relativ großen Teilen entstehen natürlich große Poren. Durch diesen Lebendverbau entstehen auf jedem Boden Poren aller Größen, wodurch Luft- und Wasserhaushalt gesichert werden.

◄

Bodenbakterien (Kokken, Stäbchen, Spirillen; oben) und Bodenpilze (unten) sind unentbehrlich für den Abbau der durch die Primärzersetzer zerkleinerten organischen Substanz.

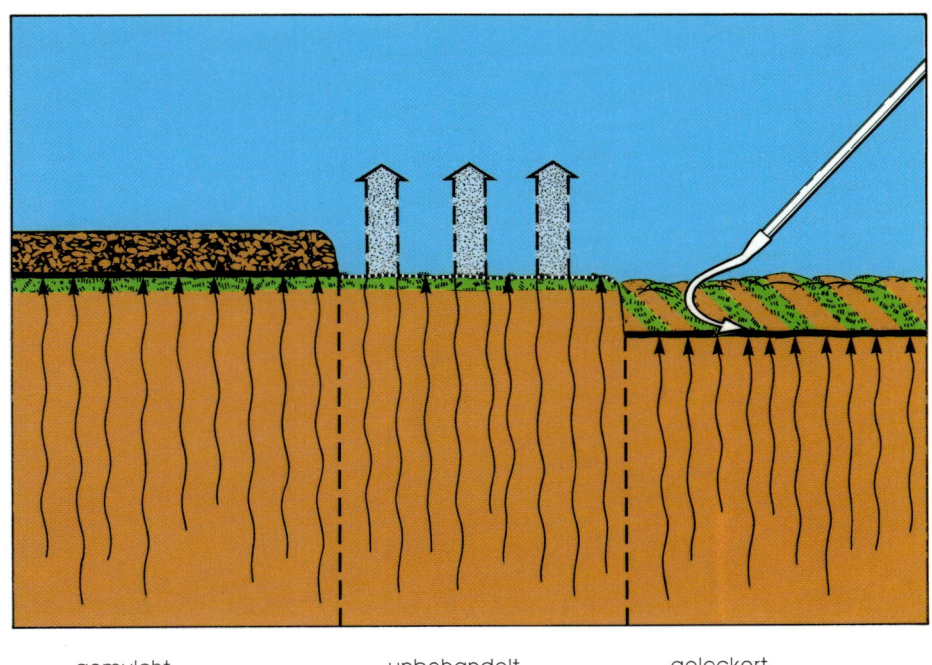

| gemulcht | unbehandelt | gelockert |
| geringe Verdunstung | starke Verdunstung | geringe Verdunstung |

Verdunstung von Wasser aus dem Boden (Evaporation) wird durch Mulchen oder oberflächliche Bodenlockerung stark eingeschränkt, da in den feinen Bodenporen (Kapillaren) kaum noch Wasser aus dem Unterboden und Grundwasser bis an die Bodenoberfläche aufsteigen kann

Die dabei entstehenden Teile heißen in der Wissenschaft Bodenaggregate oder Ton-Humus-Komplexe (THK), der Praktiker nennt sie Krümel. Die Krümelbildung bewirkt die »Bodengare« und sichern die guten Eigenschaften des Bodens. Damit ist der Grundstock für das Pflanzenwachstum gelegt.

Wenn nun auch der Nährstoffhaushalt des Bodens optimal ist, kann er seine Funktion zu unser aller Nutzen ausüben. Der Nährstoffhaushalt wird bestimmt von den »Bodenkolloiden«, sie sind die kleinsten Teile der festen Bodensubstanz (Ton- und Humusteilchen), ihr Durchmesser beträgt weniger als 0,002 mm. Daraus folgt, daß ihre Oberfläche im Verhältnis zum Gewicht riesig ist. Ein Gramm des Tonminerals Betonit hat eine Oberfläche von

ca. 400 m$^2$! Dieser großen Oberfläche verdanken die Kolloide die Eigenschaft, Wasser fest anzulagern, was einerseits den Boden stabil macht (Klebewirkung), andererseits ein völliges Austrocknen des Bodens sehr erschwert und damit den Nährstofftransport auch in Trockenperioden gewährleistet. Eine zweite Eigenschaft der Kolloide ist für den Nährstoffhaushalt noch wichtiger. Die Kolloide sind an der Oberfläche elektrisch (meist negativ, selten positiv) geladen. Sie ziehen also Ionen (elektrisch geladene Teilchen) mit Gegenladung an und halten sie fest. Da nun die Pflanzennährstoffe im Boden als Ionen vorliegen, werden sie an die Bodenkolloide angelagert und somit vor Auswaschung geschützt. Die Nährstoffe werden jedoch nicht sehr stark gebunden, so

**Zusammensetzung eines durchwurzelten Oberbodens**

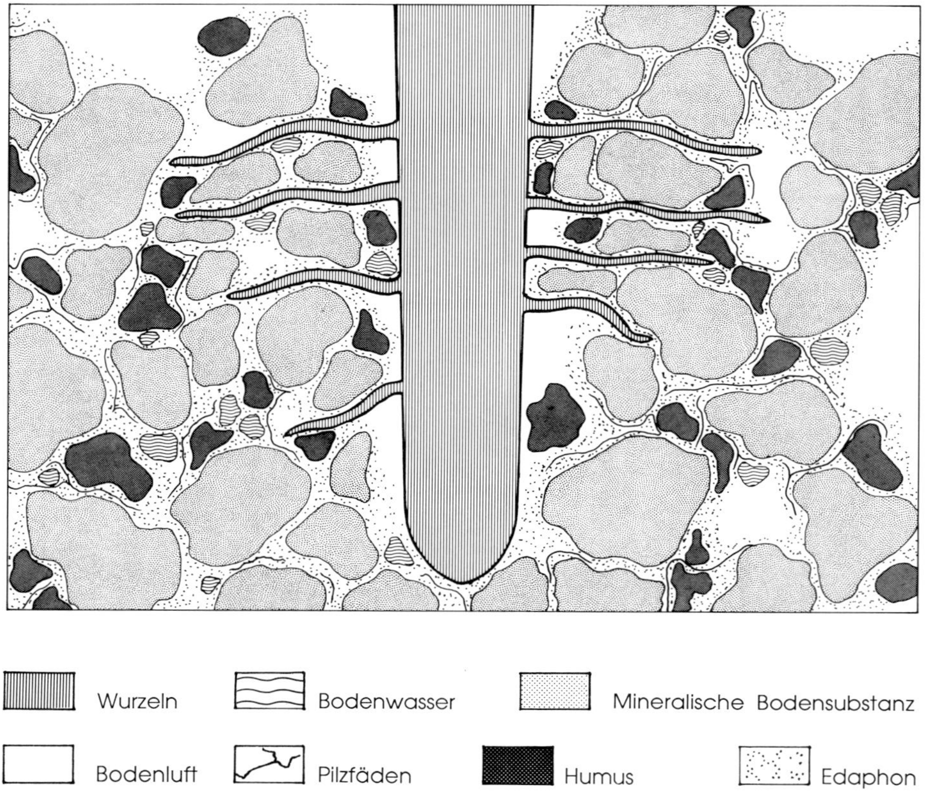

| | | |
|---|---|---|
| ▥ Wurzeln | ≈ Bodenwasser | ▦ Mineralische Bodensubstanz |
| □ Bodenluft | ⌐ Pilzfäden | ■ Humus |
| | | ▨ Edaphon |

daß sie bei abnehmendem Nährstoffgehalt des Bodenwassers dieses wieder auffüllen können (durch Diffusion also Konzentrationsausgleich). Die Kolloide sind also Vorratsspeicher der Nährstoffe. Schwere Böden enthalten naturgemäß viele Kolloide, auf leichten Böden kann durch Gaben von Gesteinsmehl oder Tonmineralen für einen ausreichenden Gehalt gesorgt werden.

Im Zusammenspiel der vielen Bestandteile des Bodens mit all den geschilderten Vorgängen zeigt sich deutlich das Aufeinanderangewiesensein der einzelnen Teile der belebten und unbelebten Natur: Humus, Wasser, Luft, Edaphon und mineralische Bodenteile sorgen zusammen für die Bodengare. Die Bodengare ermöglicht gutes Pflanzenwachstum, die Pflanzen versorgen Bakterien, Pilze, Tiere und Menschen mit Sauerstoff und Energie und alle Lebewesen zusammen versorgen wiederum den Boden mit Humus.

# 3
# Die Ernährung der Pflanze

## Grundlagen

Die Pflanze ernährt sich von im Wasser gelöster, mineralisierter Substanz; sie ist nicht in der Lage, wie früher angenommen wurde, den Humus direkt zu verwerten. Diese Mineralien nimmt sie hauptsächlich über die Wurzeln aus dem Boden auf. Sie kann auch über das Blatt geringe Mengen aufnehmen, dies spielt jedoch nur eine untergeordnete Rolle. Darüber hinaus benötigt sie die nichtmineralischen Elemente Kohlenstoff (C), Sauerstoff (O) und Wasserstoff (H), die als Kohlendioxid ($CO_2$) bzw. Wasser ($H_2O$) aufgenommen werden und für die »Photosynthese« (Bildung organischer Substanz aus $CO_2$ und $H_2O$ durch die Pflanze mit Hilfe des Lichtes) unabdingbar sind. $CO_2$ und $H_2O$ gelangen über die Spaltöffnung der Blätter ($CO_2$) bzw. über die Wurzeln ($H_2O$) in die Pflanze.

Zu den mineralischen Elementen gehören die Haupt- oder Makronährelemente Stickstoff (N), Phosphor (P), Kalium (K), Magnesium (Mg), Calcium (Ca), Schwefel (S), und die Spuren- oder Mikronährelemente Eisen (Fe), Molybdän (Mo), Mangan (Mn), Bor (B), Zink (Zn), Kupfer (Cu) und Chlor (Cl).

Weiterhin gibt es nützliche – nicht lebensnotwendige – Elemente, wie z. B. Natrium (Na), welches Kalium bedingt ersetzen kann, oder Silicium (Si), welches die Gewebefestigkeit verbessert.

Entbehrliche Elemente nennt die Wissenschaft viele Stoffe, die ohne speziellen Zweck mit aufgenommen werden wie z. B. Jod (J), Brom (Br) und Nickel (Ni).

Als schädliche Elemente werden z. B. Cadmium (Cd), Blei (Pb) und Aluminium (Al) bezeichnet, die bereits in geringer Konzentration Schäden hervorrufen können.

Gerade die zuletzt genannten Wertungen sollten aber mit Vorsicht genossen werden. Es sind noch nicht alle Lebensvorgänge genau genug erforscht und es ist nicht auszuschließen, daß in den nächsten Jahren unter den »entbehrlichen Elementen« plötzlich ein für die Pflanze notwendiges entdeckt wird. Mit den besseren, genaueren Methoden der Wissenschaft wurden im Laufe der Zeit immer wieder für die Pflanze unabdingbare Elemente entdeckt wie z. B. Molybdän. Niemand vermag zu sagen, ob dieser Prozeß beendet ist oder weitergeht. Fest steht jedoch, daß jedes Element in zu hoher Konzentration als schädlich anzusehen ist.

Grundsätzlich sollten bei jeder Düngemaßnahme folgende Gesetze beachtet werden:

• *Minimumgesetz* – Justus von Liebig stellte 1850 fest, daß das Pflanzenwachstum bei Fehlen eines einzigen Elementes stockt und sich nicht durch Düngegaben anderer Elemente in Gang bringen läßt. Erst durch eine Gabe des fehlenden Elementes wird wieder ein Anstieg der Wachstumsrate erreicht. Dieses Gesetz läßt sich übertragen auf alle Wachstumsfaktoren der Pflanze (Licht, Wasser, Luft, Temperatur, Nährstoffe).

• Das *Mitscherlich-Gesetz,* oder: Gesetz vom abnehmenden Ertragszuwachs aus dem Jahre

1906, besagt, daß je höher das Nährstoffangebot ist, desto geringer wird der Ertragszuwachs
durch weitere Düngung, bis er (bei zu hohen
Düngegaben) ins Gegenteil umschlägt, also die
Pflanze schädigt.

Besonderes Augenmerk gilt der Vermeidung
von Nährstoffauswaschungen. Auswaschung
heißt, die im Bodenwasser gelösten mineralischen Nährsalze werden vom Regen- oder
Gießwasser in das Grundwasser durchgespült
und sind somit erstens für die Pflanze verloren
und zweitens für das Grundwasser schädlich.
Die Gefahr der Auswaschung ist um so größer,
je leichter der Boden ist, auf Sand am größten.
Die Niederschlagsmenge spielt dabei die entscheidende Rolle. Am stärksten von der Auswaschung bedroht ist der Stickstoff, da er nur
als Ammonium ($NH_4^+$), nicht aber in Form
von Nitrat ($NO_3^-$; (Nitrat ist negativ geladen
und wird deshalb von den ebenfalls negativ geladenen Bodenkolloiden abgestoßen) im Boden gespeichert werden kann. Es gehen also
wertvolle Nährstoffe verloren, indem sie aus
der Wurzelzone der Pflanzen ausgespült werden. Dieser Verlust kostet Geld, außerdem hat
er zur Folge, daß die Menge an Nährstoffen
im Boden schwerkalkulierbar wird und deshalb jede weitere Düngung zum »Lottospiel«

werden kann. Weitaus schwerwiegender ist jedoch der Anstieg der Salzkonzentration (insbesondere Nitratsalze im Grundwasser). Die Belastung des Grundwassers und damit des
Trinkwassers durch Nitratauswaschungen von
Garten- und Ackerflächen ist in der Bundesrepublik stellenweise schon bedenklich hoch.
Die Gülleerlasse (Ausbringungsverbot in bestimmten Gebieten, z. B. Wasserschutzzonen
und zu bestimmten Zeiten, z. B. außerhalb der
Vegetationszeit) sprechen für sich. Andererseits
führen Phosphorauswaschungen zur Überdüngung (Eutrophierung) unserer Oberflächenge-
wässer.

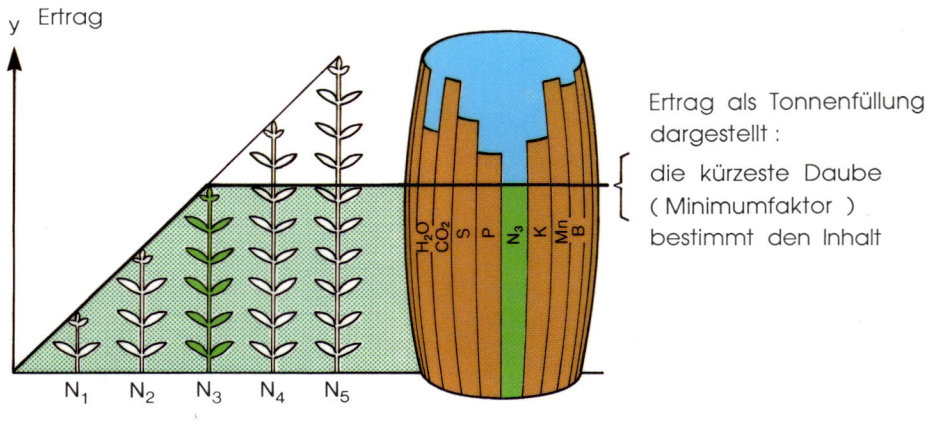

Das Minimumgesetz besagt, daß der Ertrag von dem in ungenügender Menge vorhandenen
Faktor (z. B. Nährstoff) begrenzt wird

Ertrag

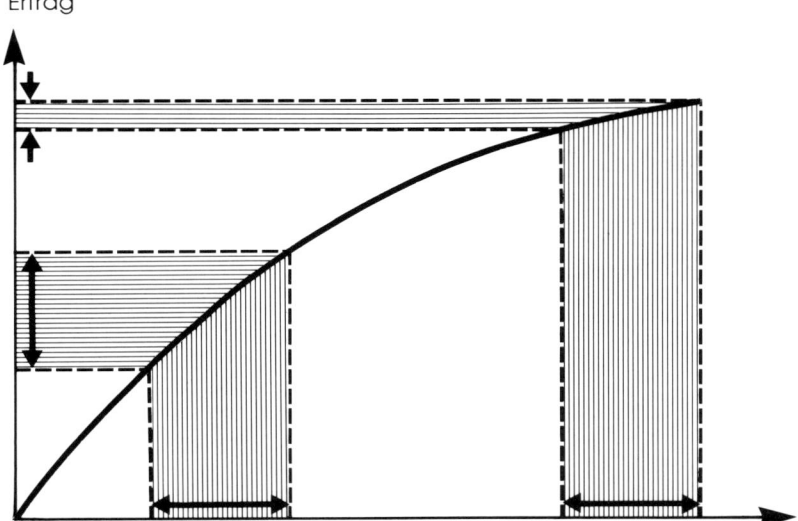

steigendes Nährstoffangebot

 bei diesem
zusätzlichen
Düngeraufwand ...

 ... kann dieser Ertragszuwachs
erwartet werden

Gesetz vom abnehmenden Ertragszuwachs nach Mitscherlich: Je höher der Nährstoffgehalt des Bodens um so geringer wird der Ertragszuwachs bei Ausbringung gleichgroßer zusätzlicher Düngergaben ausfallen

Aber zum Glück sind wir der Auswaschung nicht einfach ausgeliefert, es liegt in unserer Hand, sie zu begrenzen bzw. zu verhindern, und zwar durch:
• dem Pflanzenbedarf angepaßte Düngermengen,
• häufigeres Düngen in kleinen Dosen als weniger häufiges in großen (gilt besonders für Mineraldünger),
• Vermeidung hoher Düngergaben außerhalb der Wachstumszeit,
• Schaffung von Dauerbegrünung,
• Schaffung einer guten Bodenstruktur,
• Anreicherung von Kolloiden (Humus, Ton) in leichten Böden.

# Aufgaben
# der Nährelemente

▶ **Stickstoff:** Stickstoff (Angabe auf Düngemittelverpackung: N) ist wohl der wichtigste Dünger, da er in relativ großer Menge benötigt wird und es schnell zu einer Über- oder Unterversorgung kommen kann. Die Pflanze nimmt N als Nitrat ($NO_3^-$) oder als Ammonium ($NH_4^+$) auf. Ammonium wird allerdings im Boden sehr schnell zu Nitrat umgewandelt, dieses kann im Boden nicht gespeichert werden. Stickstoff ist Baustein in Aminosäuren und damit in Eiweißen, sowie in Nukleinsäuren (Träger der Erbinformationen) und ist

Nährstoffauswaschung aus dem durchwurzelten Oberboden in den Unterboden und in das Grundwasser

Oberboden

Unterboden

Grundwasser

wichtig für das Längenwachstum der Pflanze bzw. der Zellen. Die Pflanze kann Stickstoff auch über das Blatt aufnehmen (Blattdüngung), z. B. als Harnstoff oder aus Brennesseljauche wenn diese auf die Blätter gespritzt wird. Stickstoff ist ein bewegliches Element in der Pflanze, d. h. die Pflanze kann Stickstoff dorthin transportieren, wo sie ihn benötigt, das bedeutet für den Gärtner, Mangelsymptome zeigen sich zunächst an älteren Blättern. Stickstoffmangel äußert sich als Gelbfärbung (Chlorose) der Blätter. Weitere Mangelsymptome sind deutlicher Kümmerwuchs, »Notblüte« (vorzeitiges Blühen der Pflanze bei gleichzeitigem Schwächerwerden) und vermehrte Wurzelbildung (letzte Kräfte werden mobilisiert, um die Wurzeln wie Fühler nach weiteren Nährstoffen »auszustrecken«). Stickstoffüberschuß äußert sich in einem übermäßigen vegetativen Wachstum und in großen weichen

Blättern. Das wiederum führt zu Anfälligkeit gegenüber Schädlingen und Frost und verzögert die Blütenbildung.

▶ **Phosphor:** Phosphor (Angabe auf Düngemittelverpackung: $P_2O_5$) wird von der Pflanze als Hydrogenphosphat ($H_2PO_4^-$ oder $HPO_4^{2-}$) aufgenommen und ist notwendig zur Blüten-, Frucht- und Wurzelbildung. Jedoch führt eine starke Phosphordüngung nicht automatisch zu starker Blütenbildung, wie man früher annahm, vielmehr ist dafür u. a. das Konzentrationsverhältnis von Phosphor zu Stickstoff verantwortlich, d. h. bei gleichbleibender Phosphormenge und gesenkter Stickstoffmenge steigt die Blühwilligkeit. Allerdings sind für diesen komplizierten Umsteuerungsprozeß in der Pflanze auch viele andere, teilweise noch unbekannte Faktoren von Bedeutung. Weiterhin ist bekannt, daß bestimmte Phosphorverbindungen (Abkürzungen der chemischen Bezeichnung: ADP, ATP) der Pflanze als unverzichtbare Energiespeicher dienen.

Ein Phosphormangel äußert sich ähnlich wie Stickstoffmangel zunächst an den älteren Pflanzenteilen, beginnend mit einer rötlich-violetten Verfärbung von Blättern und Trieben, steil nach oben gerichteten Blättern, der sogenannten Starrtracht; natürlich bleibt die Pflanze auch im Wachstum zurück, aber nie finden wir dabei eine Gelbfärbung der Blätter. Phosphorüberschußerscheinungen sind relativ selten, da Phosphor einen großen Optimalbereich hat. Ein Phosphorüberschuß kann jedoch die Aufnahme von Eisen behindern, so daß es zu Eisenmangelsymptomen kommen kann. Auf fast allen Gartenböden kann auf Phosphordüngung weitgehend verzichtet werden, da die Phosphorgehalte ohnehin meist zu hoch sind.

▶ **Kalium:** Kalium (Angabe auf Düngemittelverpackung: $K_2O$) ist ein Funktionselement, d. h. es wird nicht in die Pflanzensubstanz eingebaut sondern liegt in der Pflanze immer als Mineral in anorganischer Form vor. Es ist im Pflanzensaft gelöst und somit auch gut beweglich. Kalium wird durch die Pflanze in Form von $K^+$ aufgenommen. Ein Mangel äußert sich wieder zuerst an älteren Blättern. Kalium reguliert den Wasserhaushalt, steuert die Aktivität mancher Enzyme und erhöht die Frostresistenz. Mangelsymptome sind Welkerscheinungen (schlappe Blätter), der Fachmann nennt es »Welketracht«, sowie Chlorosen der Blattränder, die in Extremfällen bis zum Absterben der Blattränder (Nekrosen) führen.

Kalium hat wie Phosphor einen großen Optimalbereich und auch hier sind Überschußsymptome deshalb relativ selten. Es kann jedoch zu Verbrennungen infolge der hohen Salzkonzentration kommen, z. B. durch Streusalz, das viel Kalium enthält.

Kaliumüberschuß kann die Aufnahme von Magnesium und Calcium behindern, wodurch Mangelsymptome dieser Elemente auf einen Kaliumüberschuß hinweisen können.

▶ **Magnesium:** Magnesium (Angabe auf Düngemittelverpackung: MgO) wird als $Mg^{2+}$ aufgenommen und sorgt für den reibungslosen Ablauf vieler Stoffwechselvorgänge und für einen optimalen »Zustand« des Zellplasmas.

Magnesium ist außerdem zentrales Atom des Blattgrüns (Chlorophyll). Chlorophyll ist ähnlich aufgebaut wie der Blutfarbstoff Hämoglobin, hier ist jedoch Eisen das Zentralatom.

Ein Mangel zeigt sich uns durch Gelbfärbung der Blätter zwischen den zunächst noch grünen Blattadern, wodurch sich ein regelrecht gemustertes Blatt ergibt, was auch als »Weihnachtsbaumeffekt« beschrieben wird.

Überschußsymptome werden bei Magnesium nicht beobachtet. Aufgrund der Ionenkonkurrenz an der Pflanzenwurzel kann es jedoch zu Kaliummangel kommen.

▶ **Eisen:** Eisen (Fe) ist an der Regulierung der lichtabhängigen Prozesse, wie der Photosynthese und der Chlorophyllbildung beteiligt und ist ein wichtiger Bestandteil vieler Enzymgruppen. Eisenmangel zeigt sich in kümmerlichen, jungen Blättern, die sich zwischen den Blattadern gelb färben.

Eisenmangel kann besonders bei Verwendung von Rindenprodukten, hier wiederum verstärkt bei Moorbeetpflanzen, auftreten. Die, grundsätzlich nicht schädlichen, hohen Mangangehalte in Rindenhumus bzw. Rindenmulch sorgen dafür, daß Eisen nicht mehr ausreichend pflanzenverfügbar ist. Durch Düngegaben ist hier Abhilfe zu schaffen (Eisendünger am besten als Eisenchelat, das auch als Blattdünger verwendet werden kann). Bei Verwendung von Rindenprodukten mit dem Zeichen der Gütegemeinschaft Rindenprodukte tritt kein Eisenmangel auf.

Eisenüberschuß ist wiederum sehr selten. Die Überschußsymptome sind nicht einheitlich.

▶ **Schwefel:** Die Pflanze nimmt Schwefel (S) als Sulfation ($SO_4^{2-}$) auf und baut es in Eiweiße (z. B. Enzyme) ein. Schwefel ist in der Regel in allen Böden in ausreichender Menge enthalten und wird durch Kalium- oder Magnesiumdüngung ($K_2SO_4$ oder $MgSO_4$) ständig nachgeliefert, wodurch spezielle Schwefeldüngung überflüssig ist. Der scharfe Geschmack einiger Pflanzen (Kapern, Rettich …) beruht auf dem verstärkten Vorhandensein schwefelhaltiger Verbindungen, den sogenannten Senfölen.

▶ **Bor:** Bor (B) ist für die Pollenbildung wichtig und wirkt am Kohlenhydrattransport, der Eiweißsynthese sowie dem Aufbau der Zellwände mit. Bor ist in allen Böden enthalten

N2
N2
" Abfall "
N 2
N H 4
N O 3
N O 3
N H 4
Bodenleben
Nährstoffauswaschung
symbiotisch bzw. frei lebende Stickstoffbinder
Tonminerale

Stickstoff-Kreislauf: Das Stickstoff ($N_2$)-Reservoir der Luft ist groß. In der Natur gelangt der Stickstoff über stickstoffbindende Mikroorganismen oder organische »Abfälle« in den Boden und kann dann von der Pflanze aufgenommen werden.
Der Mensch fördert das Wachstum seiner Kulturpflanzen durch aus der Luft oder durch Abbau von Salzlagern gewonnene Stickstoffdünger (»Kunstdünger«) oder durch organische »Abfallprodukte«. Ein Teil des Boden-Stickstoffs geht in gasförmiger Form ($N_2$) in die Luft zurück, ein anderer ($NO_3$) wird in das Grundwasser ausgewaschen.

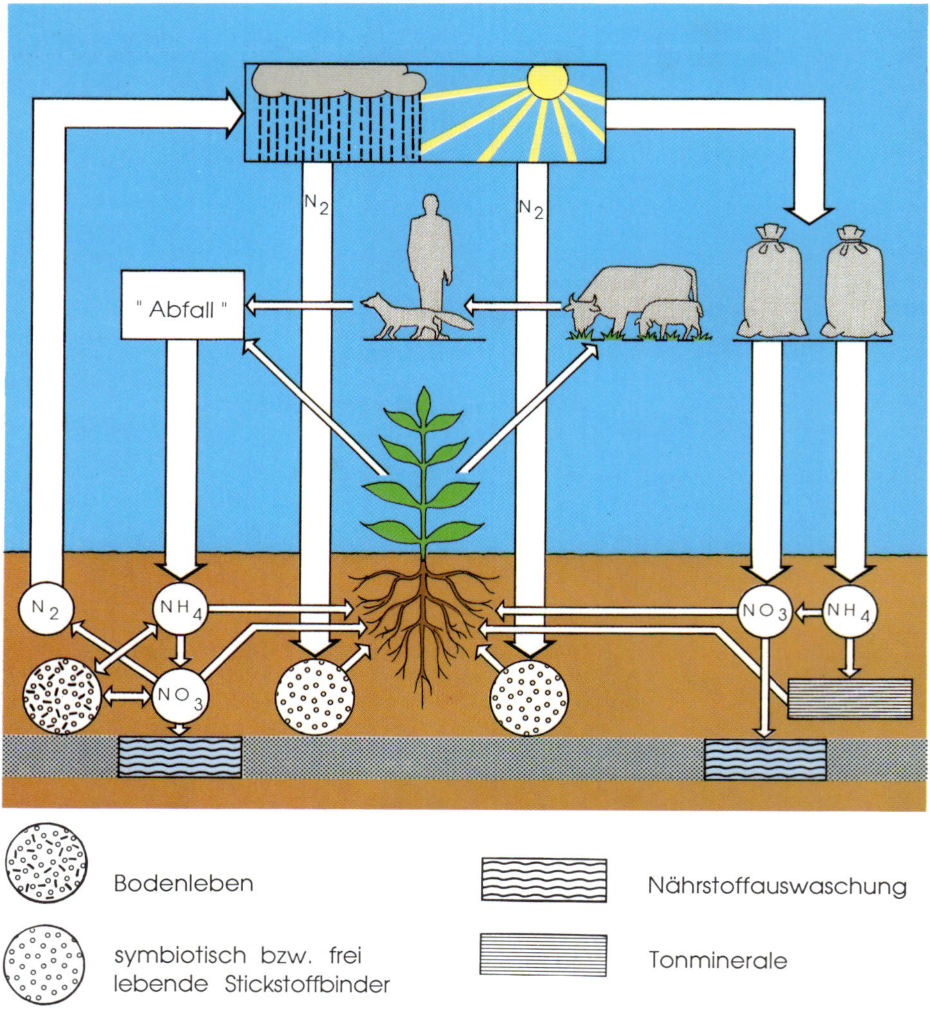

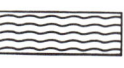

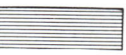

und wird durch Anwendung borhaltiger organischer oder mineralischer Dünger ergänzt. Bei hohen pH-Werten kann es zur Festlegung von Bor kommen, dem kann aber durch Düngung mit Borax abgeholfen werden.

▶ **Mangan:** Mangan (Mn) wird in der Pflanze für die Photosynthese und zur Aktivierung mancher Enzyme benötigt, außerdem verbessert es die Blattfärbung. Zu Manganmangel kann es kommen, wenn der pH-Wert zu hoch ist oder zuviel Magnesium oder Eisen im Boden vorliegt (Ionenantagonismus). Durch Blattdüngung mit Mangansulfat wird Abhilfe geschaffen.

▶ **Kupfer:** Kupfer (Cu) ist an Oxidationsvorgängen und an der Chlorophyllbildung beteiligt.
Kupfermangel führt zu eingeschränktem generativem Wachstum (mangelnde Blüten- und Fruchtausbildung). Kupfermangel wird durch spurenelementhaltige Dünger verhindert, extremer Mangel kann mit Kupferschlackenmehl beseitigt werden.

▶ **Zink:** Die Pflanze benötigt Zink (Zn) für Oxidationsvorgänge. Zinkmangel führt zu Zwergwuchs, d. h. zu kleineren Pflanzen mit kleineren Blättern, ist jedoch sehr selten; bei Bedarf kann mit Zinksulfat gespritzt werden.

▶ **Molybdän:** Molybdän (Mo) ist in geringsten Mengen für die Stickstoffreduktion (Nitrat zu Nitrit) nötig, führt jedoch bei überhöhter Dosis zu Pflanzenschäden.
Molybdänmangel tritt nur bei sehr niedrigen pH-Werten auf. Hier wird nicht gedüngt, sondern lediglich der pH-Wert erhöht.

▶ **Silizium:** Silizium (Si) wird in die Zellwände eingebaut, wo es festigend wirkt. Die Pflanze wird dadurch weniger anfällig gegenüber Insekten und Pilzbefall.
Bei Siliziummangel stellen sich keine spezifischen Mangelerscheinungen ein.

# Die Photosynthese

In den vorangegangenen Abschnitten wurde erklärt, welche Nährstoffe in der Pflanze vorhanden sind und wozu sie in der Pflanze benötigt werden. Selbst der Gartenneuling weiß, daß Pflanzen Wasser, Licht und Luft (genau gesagt Kohlendioxid – $CO_2$) zum Leben brauchen. Wie aber kommen all diese recht unterschiedlichen Stoffe zusammen und wie macht die Pflanze aus dieser Sammlung anorganischer Stoffe und elektromagnetischer Wellen (Licht) Stoffe, die ihr und damit uns ein Leben ermöglichen? Die Antwort lautet: mit Hilfe der Photosynthese. Dieser Begriff erklärt sich selbst: Synthese bedeutet soviel wie Zusammenbauen, Photo heißt Licht. Hier wird also mit Licht etwas zusammengebaut, aber wie? Die Pflanze nimmt über die Wurzeln Wasser mit darin gelösten Nährstoffen aus dem Boden auf und transportiert es in die Blätter. Durch Öffnungen an der Blattunterseite, sogenannte Spaltöffnungen, tritt Luft in das Blatt und alles zusammen gelangt zu dem grünen Blattfarbstoff, dem Chlorophyll (Chloros, griechisch: das Grüne). Auf dieses Chlorophyllteilchen trifft nun ein Lichtstrahl. Die Energie des Lichts wird durch die spezielle Struktur des Chlorophyllteils dazu benutzt, um das Wasser ($H_2O$) in Wasserstoff (H) und Sauerstoff (O) aufzuspalten. Der Wasserstoff wird mit dem Kohlendioxid der Luft zu Traubenzucker umgebaut, der Sauerstoff als »Abfall« durch die Spaltöffnungen ausgeschieden. Der Traubenzucker, der ja nun die Energie des Lichts enthält wird von der Pflanze genutzt, um mit den aufgenommenen Nährstoffen zu anderen Stoffen der Pflanze (Eiweiße, Öle, Enzyme . . .) umgebaut, oder zu Stärke umgewandelt, als Reservestoff aufbewahrt zu werden.

Tiere und somit auch der Mensch verdanken ihr Leben also der Photosynthese. Wir atmen den »Abfall« Sauerstoff und erhalten unsere Energie und die Stoffe für unseren Stoffwechsel von den Pflanzen.
Dies bedeutet nichts anderes als: Jeder, der durch sinnvolle Bodenbearbeitung mit dazu beiträgt, daß Pflanzen wachsen können, trägt entscheidend dazu bei, ein Überleben des Menschen zu sichern.

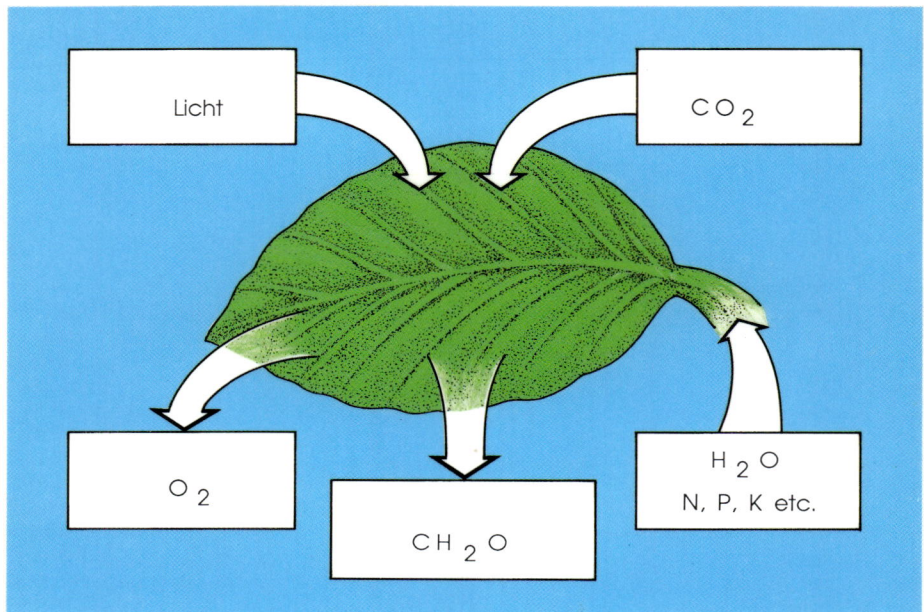

Photosynthese findet in den grünen Pflanzenteilen aus Kohlendioxid ($CO_2$) und Wasser ($H_2O$) unter Mitwirkung von Licht, Wärme und Nährelementen (N, P, K etc.) statt. Die dabei entstehenden Assimilate ($CH_2O$) wie Zucker, Stärke und Aminosäuren sowie Eiweiße und Fette bilden die Nahrungsquelle für Mensch und Tier. Gleichzeitig wird Sauerstoff ($O_2$) freigesetzt

# 4
# Düngen

## Grundlagen des Düngens

Wie wir den Boden auch begreifen, als eine Gabe Gottes, ein Geschenk der Natur oder als Zusammenspiel von Mineralien, Pilzen, Pflanzen und Kleinstlebewesen, er steht uns nicht unbegrenzt zur Verfügung. Der Boden ist endlich und sein Nährstoffvorrat ist es auch, sofern wir nur nehmen und nicht geben. Das Ziel in unserem Garten ist ein gesunder Boden mit hoher Fruchtbarkeit und gesunden Pflanzen. Was wir dem Boden auf der einen Seite entnehmen, wie Blumen, Obst, Gemüse, das müssen wir ihm auf der anderen Seite wieder zufügen, und zwar durch Düngung, in welcher Form auch immer. Natürlich besitzt der Boden eine gewisse Regenerationskraft, wir erinnern uns an die Brache, die man sich früher bei der 3-Felder-Wirtschaft (jährlicher Wechsel der Anbausorten) zunutze machte, diese jedoch reicht bei einer intensiven Nutzung allein nicht aus. Außerdem steht heutzutage kaum Platz für Brachflächen zur Verfügung (durchschnittliche Grundstücksgröße bei 1- bis 2-Familienhäusern 500 m$^2$ − Stand 1986), von dem fehlenden optischen Wert und Erholungswert einer Brachfläche ganz zu schweigen. Es sprechen also mehrere Gründe zwingend für eine Düngung. Wir düngen nicht nur, um eine spezielle Pflanze zu ernähren, sondern auch, um die Bodenfruchtbarkeit allgemein zu erhalten. Überlegen wir uns zunächst einmal, wie dies in der Natur geschieht: In Wald und Wiesen haben wir Gräser, Blätter, Zweige oder ähnliches,

die den Boden schützen. Von diesen sterben ständig Teile ab und werden dann nach und nach vom Bodenleben aufgeschlossen. Würmer ziehen Blätter und Gräser in ihre Gänge, mischen obere und untere Bodenschichten und tragen so zur Rotte bei. Dort werden Teile des Bodenlebens aktiv, die in zahlreichen Umsetzungsprozessen diese Pflanzenteile in Humus verwandeln (Humifizierung). Das Bodenleben reagiert empfindlich auf äußere Störungen und kann sich nur unter einer schützenden Schicht voll entfalten. Andere Teile des Bodenlebens ernähren sich von diesen Substanzen und wandeln den Humus allmählich in Mineralien um (Mineralisierung). Diese Mineralien sind es nun, die im Bodenwasser gelöst, von der Pflanze aufgenommen werden können. In einem gesunden Boden harmonisieren alle Lebensvorgänge miteinander. Das heißt, reges Bodenleben und somit verstärkte Bereitstellung von pflanzenverfügbaren Mineralien findet besonders zu Zeiten starken Pflanzenwachstums statt. Beide reagieren aufeinander abgestimmt auf Jahreszeit, Witterung, Feuchtigkeit, Temperatur, pH-Wert usw.; daher ist eine Überdüngung nicht möglich. Ebenso tritt auf einem gesunden Boden kein Nährstoffmangel auf, denn immer wenn die Pflanze Nachschub benötigt, ist bereits genügend Nahrung mineralisiert worden, bzw. der Boden ernährt nur die Anzahl Pflanzen, die an diesem Standort »sinnvoll« sind. Düngen wir nun mit leichtlöslichen Mineraldüngern, so lösen sich diese sofort im Bodenwasser, die Stufe der Mineralisierung durch das Bodenleben wird praktisch übersprungen. Abgesehen davon, daß das Bodenleben durch die höheren Düngesalzkonzentrationen direkt geschädigt werden kann, wird dem Bodenleben die Nahrungsgrundlage entzogen, wenn keine ausreichende organische Substanz vorhanden ist. Die Folge ist, das Bodenleben nimmt stark ab. Nicht schlimm, könnte man meinen, unsere Dünger sind bereits mineralisiert. Aber wenn man sich vor Augen hält, welche vielfältigen Aufgaben das Bodenleben noch erfüllt, dann wird uns klar, daß mit ihm die Bodenfruchtbarkeit lebt oder stirbt.

Da die Pflanze nicht völlig frei wählen kann, welche Nährstoffe sie in welcher Menge aufnimmt, muß sehr gezielt und ausgewogen mineralisch gedüngt werden, was großes Fachwissen und viel Aufwand erfordert. Selbst Profis im Zierpflanzenbau unterlaufen noch Düngefehler mit fatalen Folgen. Die »modernen« Mehrnährstoffdünger sind zwar bequem, aber gezielt und vor allem ausgewogen kann mit ihnen nicht gedüngt werden (Gartenbau und Ackerbau arbeiten deshalb häufig lieber mit Einnährstoffdüngern), zumal ihnen die Spurenelemente häufig fehlen, die aber für das Pflanzenwachstum unabdingbar sind. Das Problem der richtigen Dosierung des Düngers ist also beim Bodenleben besser »aufgehoben« als beim Menschen, zumal es wesentlich länger »Erfahrung« zu diesem Komplex »gesammelt« hat.

# Betrachtungen zu den Nährstoffangaben

Nährstoffe in Mineraldüngern lassen sich natürlich chemisch exakt bestimmen, d. h. die genaue Nährstoffmenge ist angegeben, ein wichtiges Kriterium für den Erwerbsgartenbau. Da heißt es dann z. B. 10-15-10-3 (das ist der Gehalt des Düngers an $N-P_2O_5-K_2O-MgO$ in Prozent) woraus sich die Düngemenge pro Quadratmeter einwandfrei errechnen läßt.

Mit den organischen Düngern ist dies schon etwas schwieriger, da die Nährstoffgehalte schwanken. Jedoch wird in den Angaben immer der entsprechende Gesamtnährstoffgehalt,

der nach der Mineralisierung zur Verfügung steht, angegeben. Bei Hornspänen z. B. 12–14% Stickstoff. Komposte oder »Gartenabfälle« schneiden in solchen Vergleichen scheinbar schlecht ab, ihre Nährstoffgehalte sind häufig mit 0,2–0,7% Stickstoff 0,3% $P_2O_5$ etc. angegeben. Dies läßt vermuten, daß Komposte äußerst nährstoffarm sind. Jeder Hobbygärtner weiß jedoch von nährstoffreichem Kompost aus eigener Erfahrung zu berichten. Wie kommt es zu diesem Widerspruch? Nehmen wir den Stickstoffgehalt als extremes Beispiel: Bei der chemischen Analyse von Komposten z. B. wird nur der pflanzenverfügbare Stickstoff erfaßt, also Stickstoff in Nitratform und als Ammonium. Der zunächst festgelegte, weil organisch gebundene Stickstoff (z. B. als Eiweiß) bleibt unberücksichtigt. D. h. diese 0,4% pflanzenverfügbaren Stickstoffs entstehen ständig neu durch Mineralisierungstätigkeit der Bodenlebewesen. Die 10% Stickstoff im Mineraldünger sind also eine einmalige Sache, sie lösen sich in Abhängigkeit von Bodenfeuchtigkeit und evtl. Temperatur und sind praktisch pflanzenverfügbar. Ebenso die 14% Stickstoff der Hornspäne; sie werden nach und nach vom Bodenleben aufgeschlossen und pflanzenverfügbar gemacht. Die 0,4% aus dem Kompost können, wie schon erwähnt, nachgeliefert werden, durch ständig neues Mineralisieren der Reserven. Diese 0,4% entstehen, je nach Witterung jede Woche, jeden Tag, jeweils nach den Bedarf der Pflanzen. Selbstverständlich ist auch hier Stickstoff nicht unendlich vorhanden. Ein absoluter Vergleich der Gehaltsangaben ist also nicht möglich.

# Organische Düngemittel

Diese wirken, wie schon erwähnt, relativ langsam im Vergleich zu den leichtlöslichen Mineraldüngern, d. h. jedoch nicht, daß alle organischen Dünger gleich schnell wirken. Bei den organischen Handelsdüngern hängt dies unter anderem von der »Korngröße« der Dünger ab. Hornmehl hat eine größere Oberfläche als Hornspäne und wirkt somit wesentlich schneller. Für die Anwendung bedeutet dies, daß man Hornspäne 2mal jährlich und Hornmehl besser in vielen kleinen Gaben düngen sollte. Bei anderen organischen Düngern ist die Wirkungsgeschwindigkeit vom Grad der Verrottung abhängig, je nachdem, welche Mengen schon mineralisiert wurden und ob überhaupt schon Mikroben am Werk sind.

Sämtliche organischen Düngemittel sowie organisch-mineralische Dünger und Gesteinsmehl gehören, wenn sie direkt auf den Boden gebracht werden, in die oberste Bodenschicht eingearbeitet (5-10 cm) bzw. unter eine Mulchschicht. Nur dann sind mikrobieller Abbau und ausreichende Bodenfeuchtigkeit gewährleistet. Ein tiefes Eingraben führt zu Nährstoffverlusten und kann die Pflanze schädigen, da beim Abbau kurzzeitig toxische Stoffe entstehen. Unverrottete organische Substanz gehört deshalb nicht in die Wurzelzone.

▶ **Natürliche organische Dünger:**
Hierzu gehören
• Tierische Substanzen wie Gülle, Fäkalien, Mist
• Pflanzliche organische Substanzen, z. B. Kompost
• Gründünger, Gründüngungspflanzen
• Jauchen
• Wurmerde

Ein wesentlicher Vorteil der natürlichen Düngemittel liegt darin, daß Stickstoffüberdüngung nicht so leicht möglich ist, keine Schockwirkungen auf die Pflanze und das Bodenleben entstehen, das Bodenleben gefördert wird und für »lange« Zeit auf Vorrat gedüngt werden kann.

*Fäkalien, Mist, Gülle:* Diese sollten auch nur verkompostiert bzw. die Gülle vergoren ausgebracht werden. Der Stickstoffgehalt ist hier sehr hoch, deshalb nicht mehr im Spätherbst anwenden, wenn die Pflanzen kaum noch Nährstoffe aufnehmen. Verluste und zu starke Belastungen des Grundwassers wären die Folge.

*Wurmerde:* Dies ist in der Regel reiner Regenwurmkot, der zum Teil mit Kalken verfeinert wird um die Humusbildung zu fördern und den pH-Wert anzuheben. Die Nährstoffgehalte sind sehr unterschiedlich, da sie vom Ausgangsmaterial abhängen. Hier muß, sofern nicht angegeben, die Analyse angefordert werden. Wurmerde ist reich an Spurenelementen, und besonders für Balkonkästen und Pflanzkübel, die sich sonst nur schwer biologisch aktivieren lassen, geeignet. Wer einen gesunden Boden oder guten Kompost hat, der kann darauf sicherlich verzichten, obendrein ist Wurmerde nicht gerade billig.

▶ **Organische Handelsdünger:**
Hier finden wir verschiedene Substanzen tieri-

**Übersicht 1:** Einige organische Handelsdünger für den Garten

| Organische Dünger | Nährstoffgehalte in Prozent | | | | | Einfluß auf pH-Wert |
| --- | --- | --- | --- | --- | --- | --- |
| | N | P | K | Mg | Spurenelemente | |
| Hornspäne | 14 | 5 | 0 | 0 | wenig | neutral |
| Blutmehl | ca. 12 | 0 | 0 | 0 | viel | neutral |
| Knochenmehl | 1 | 30 | 0,2 | 0 | mittel | alkalisch |
| Oscorna Animalin | 6 | 9 | 1 | 0 | mittel | neutral |
| Oscorna Universal | 6 | 6 | 1 | 0 | mittel | neutral |
| Hornosca org. | 6 | 6 | 0 | 0 | mittel | neutral |
| Guano | 7 | 11 | 2,5 | 1 | viel | neutral |
| Mannahum | 13 | 3 | 2 | 0 | wenig | neutral |
| Blitol Naturdünger | 5 | 5 | 0 | 0 | wenig | neutral |
| Rizinusschrot | 5 | 0 | 2 | 0 | wenig | neutral |

N = Stickstoff, P = Phosphor, K = Kalium, Mg = Magnesium

schen oder auch pflanzlichen Ursprungs, die einzeln, wie hier aufgezählt, aber meist kombiniert als Mischdünger angeboten werden:

• Horn (-späne, -grieß, -mehl = Stickstoffdünger): Verwendet man für alle kalkverträglichen Pflanzen und als Kompostzusatz. 4–6 kg je m$^3$ Kompost, ca. 5 kg je 100 m$^2$ Boden im Frühjahr und Herbst.

• Blutmehl: Dies ist trockenes, gemahlenes Blut; die angegebenen Nährstoffwerte können stark schwanken; durch Verunreinigungen wird die Gebrauchsfähigkeit zum Teil erheblich herabgesetzt.

*Knochenmehl* enthält viel Calciumphosphat, erhöht daher leicht den pH-Wert und ist relativ teuer.

*Rizinusschrot:* Dieses pflanzliche Produkt wirkt sehr langsam. Rizinusschrot ist für alle Kulturen als Vorratsdünger geeignet.

*Rinderdung:* Dieser ist getrocknet und abgepackt, pulvrig oder gekörnt im Handel zu beziehen; er kann auf allen Böden zum Einsatz kommen.

*Hühnermist:* Er ist ebenfalls getrocknet und abgepackt zu erhalten, jedoch kommt dieser Kot aus der Massentierhaltung und Skeptiker geben zu bedenken, daß Reste von Arzneimitteln und Antibiotika enthalten sein können, die eventuell über die Pflanze in den Nahrungskreislauf gelangen.

*Guano:* Trockener Vogelkot, der an den Vogelnistplätzen abgebaut wird. Guano ist sehr wertvoll durch seinen hohen Anteil an Spurenelementen. Er empfiehlt sich als Grunddünger im Frühjahr.

*Fischmehl:* Getrocknete und gemahlene Fischteile, stark schwankende Nährstoffgehalte. Es enthält phosphorsauren Kalk. Fischmehl zersetzt sich langsam, da es sehr fetthaltig ist.

*Galalithspäne:* Dies ist ein Stickstoffdünger aus Milcheiweiß; er wirkt relativ schnell, ist daher nur in geringen Mengen anzuwenden.

# Natürliche mineralische Dünger

Es gibt eine Möglichkeit, natürlich und doch mineralisch zu düngen, und zwar durch die schwer löslichen bzw. säurelöslichen mineralischen Dünger, die Gesteinsmehle. Diese sind zugleich Bodenverbesserer. Gesteinsmehle verbrauchen sich in der Regel erst im dritten Jahr nach der Ausbringung. Eine Überdüngung ist nicht möglich. Sämtliche Gesteinsmehle sind reich an Spurenelementen, die meisten eignen sich vorzüglich als Kompostzusatz. Die Höhe der Gaben ist stark von der Bodenart abhängig, eine Überdosierung bleibt jedoch ohne größere Nachteile.

▶ **Holzasche:** Dies sind Verbrennungsrückstände, die keine organischen Ausgangssubstanzen und keinen Stickstoff enthalten. Sie sind reich an Kalk und Kalium und enthalten Phosphor und andere Mineralstoffe und wirken pilz- und fäulnishemmend, sowie pH-Wert steigernd aufgrund des Calciumanteils. Nur wenige Aschen sind über den Handel zu beziehen.

▶ **Basaltmehle und Lavamehle:** Sie dienen der Verbesserung jeden Bodens, ganz besonders aber des Sandbodens, in dem das Wasser- und Nährstoffspeichervermögen um mehrere 100% gesteigert werden kann. Ihre Zusammensetzung entspricht in etwa dem des Nilschlammes, der ja über Jahrtausende für Bodenfruchtbarkeit in Ägypten gesorgt hat. Ganz entscheidend für die Kräftigung der Pflanzen ist der hohe Anteil an Kieselsäure. Darüber hinaus ist eine Vielzahl an Spurenelementen enthalten. Basaltmehle wirken sich in jedem Fall gesundheitsfördernd auf den Boden aus, schwere Böden werden in ihrer Bearbeitbarkeit verbessert, leichte Böden in allen Eigenschaften. Bei der Erstanwendung bringt man 25 kg pro 100 m$^2$ auf schweren Böden, 50 kg pro 100 m$^2$ auf leichten Böden aus. Später 5 bis 10 kg pro 100 m$^2$ jährlich auf allen Böden. In Anbetracht der positiven Eigenschaften und des geringen Preises gehört Gesteinsmehl in jeden Garten.

▶ **Tonminerale:** (Tonmehle wie Edasil und Bentonitmehl): Ebenfalls für alle Böden, besonders für mittlere und leichte Böden mit hohem Sandgehalt geeignet. Der hohe Tongehalt sorgt für die Bildung einer stabilen Krümelstruktur durch Ton-Humus-Komplexe, die ganz entscheidend sind für die dauerhafte Bodenfruchtbarkeit. In diesen Mehlen sind die Tonminerale Montmorillonit, Kaolinit und Il-

**Übersicht 2:** Einige natürliche mineralische Dünger (Bodenverbesserungsmittel)

| Bodenverbesserungsmittel | Nährstoffgehalte in Prozent | | | | Einfluß auf pH-Wert |
|---|---|---|---|---|---|
| | $SiO_2$ | Mg | Ca | Spuren-elemente | |
| Luzian Steinmehl | 48 | 8,5 | 8 | sehr viel | schwach alkalisch |
| Eifelgold Lavamehl | 40 | 15 | 15 | sehr viel | alkalisch |
| Pholin Gesteinsmehl | 40 | 20 | 10 | sehr viel | alkalisch |
| Bentonit | 56 | 4 | 4 | extrem viel | schwach alkalisch |
| Ökoland Mineralmehl | 54 | 0 | 45 | viel | alkalisch |
| Algenkalk | 0 | 10 | 80 | viel | alkalisch |
| Algomin | 4 | 73 | 6 | viel | neutral |

$SiO_2$ = Kieselsäure (Siliziumdioxid), K = Kalium, Mg = Magnesium, Ca = Calcium (Kalk)

lit; diese, besonders das Montmorillonit, besitzen eine riesige Oberfläche (10 g entsprechen der Größe eines Fußballfeldes), so daß es bis zum Achtfachen des Eigengewichts an Wasser aufnehmen kann. Da die Wasserabgabe langsam erfolgt, steht den Pflanzen über eine längere Periode ausreichend Wasser zur Verfügung.

Die Tonminerale sind Bodenkolloide, d. h. sie puffern die Nährstoffe im Boden durch ihr Ionenaustauschvermögen. Auch in dieser Eigenschaft liegt der Montmorillonit aufgrund seiner großen Oberfläche an der Spitze. Der Spurenelementgehalt der Tonmehle ist ebenfalls sehr hoch.

▶ **Weicherdiges Rohphosphat:** Dies ist ein langsamwirkender Phosphordünger mit Spurenelementen, der Grundlage ist für die Weiterverarbeitung der meisten Phosphordünger, aber auch »naturbelassen« fein gemahlen als Rohphosphat oder Hyperphos zu beziehen ist. Rohphosphat ist für den Garten geeignet, da man mit ihm nicht überdüngen kann und eine gleichmäßige Versorgung gewährleistet ist. Als natürliche Verunreinigung enthält es jedoch Kadmium, welches sich im Boden anreichern kann. Auch weiterverarbeitete Produkte enthalten noch mehr oder weniger große Mengen Kadmium. Daher gilt hier besonders, was für alle Phosphordünger gilt: Sparsame Anwendung, zumal fast alle Böden ausreichend mit Phosphor versorgt sind.

# Spritzbrühen und Jauchen

Zur Düngung und Kräftigung der Pflanzen kann man verschiedene Spritzbrühen, man könnte auch von flüssigem Kompost sprechen, zubereiten. Grundsätzlich geschieht dies so: Auf 10 Liter Wasser kommen je nach Pflanzenart ca. 200 g Trockenmasse oder bis zu 2 kg frische Pflanzenmasse. Die kleingeschnittenen Pflanzen werden in einem Gefäß, dies sollte nicht aus Metall bestehen, mit 10 l Regenwasser verrührt und an einem sonnigen Platz in eineinhalb bis drei Wochen vergoren. Um eine ausreichende Sauerstoffzufuhr zu gewährleisten, ist es sinnvoll, die Brühe täglich umzurühren; um Gerüche zu vermeiden kann man etwas Gesteinsmehl (max. 500 g) oder auch Baldrianblütenextrakt (6 Tropfen pro 10 l zusetzen. Wenn es einmal schnell gehen soll, so kann man etwas gut verrotteten Kompost bzw. eine kleine Menge Kompoststarter zusetzen. Die Brühe ist fertig, wenn sie nicht mehr schäumt und am Verhältnis 1:10 bis 1:15 verdünnt als Flüssigdünger auf das Blatt gesprüht oder besser noch über den Boden gegeben werden. Jedoch vorsichtig, denn es handelt sich um einen schnell wirkenden Dünger. Wie bei jeder Düngung, so gilt hier besonders: Lieber häufig kleine Gaben als einmal zuviel. Ganz wichtig ist ein abgeschlossener Gärprozeß, bevor die Jauche angewendet wird. Was stinkt, ist im wahrsten Sinn des Wortes faul und somit schädlich für die Pflanze. Sollte die Brühe nach 3 Wochen noch immer riechen, sorgen wir für reichlich Sauerstoffzufuhr durch häufiges Umrühren und warten noch einige Tage mit der Anwendung; gegebenenfalls können wir erneut etwas Gesteinsmehl zusetzen. Brühen können außer zum Düngen auch zur Schädlingsbekämpfung eingesetzt werden. Zu diesem Zweck wird die Brühe in der Regel nicht oder nur ganz gering verdünnt. Erprobt sind Brennessel gegen Blattläuse, Wermut gegen Blattläuse, Raupen und Ameisen, Wurmfarn gegen Blatt- und Schildläuse, Ackerschachtelhalm vorbeugend gegen Pilzkrankheiten. Rainfarn ebenfalls vorbeugend gegen Pilzkrankheiten.

Grundsätzlich lassen sich alle krautigen Pflanzen zu Jauchen vergären. Die Anhänger der biologisch-dynamischen Wirtschaftsweise vertreten die These, daß die Wildkräuter als Heilpflanzen anzusehen sind und daß durch sie auch im Nutzgarten »natürliche« Pflanzengemeinschaften gebildet werden. Wo also solche Wildpflanzen auflaufen, werden sie als Ergänzung zur Nutzpflanze angesehen und werden als Jauche vergoren genau dort ausgebracht, wo sie gewachsen sind. So läßt sich also auch das gejätete Kraut sinnvoll einsetzen. Versuche in dieser Richtung lohnen sich bestimmt.

Darüber hinaus haben sich einige Pflanzen wegen ihrer Inhaltsstoffe besonders bewährt:
• Löwenzahn und Brennessel sind sehr stickstoffreich und in starkem Maße wuchsfördernd
• der Ackerschachtelhalm (auch Zinnkraut genannt) hat einen sehr hohen Anteil an Kieselsäure und kräftigt dadurch die Pflanzen.

Bewährt haben sich außerdem Beinwell, Comfrey, Rainfarn und Kamille. Natürlich lassen sich alle untereinander mischen.

# Mineralische Dünger

Mineralische Dünger sind leicht lösliche, d. h. wasserlösliche Düngemittel, die fälschlicherweise bislang als »Kunstdünger« bezeichnet wurden. Sie enthalten eine genaue Angabe der Nährstoffe auf der Verpackung. Diese ist in Form von Zahlen z. B. als 15-9-15-2 dargestellt

(siehe Abschnitt Betrachtungen zu Nährstoffangaben). Unabhängig von der tatsächlichen chemischen Verbindung beziehen sich die Zahlen auf eine jeweilige Verrechnungsgröße, und zwar immer in folgender Reihenfolge: Stickstoff = rein N, Phosphor = $P_2O_5$, Kalium = $K_2O$, Magnesium = $MgO$, eine eventuelle fünfte Zahl gibt den Gehalt an Calcium als $CaO$ an. Diese Verrechnungsgrößen gelten nur in der Bundesrepublik. Durch ihre Wasserlöslichkeit wirken diese Dünger schnell und werden sofort in die Pflanze transportiert, unabhängig vom Bedarf, vergleichbar einer Zwangsernährung. Ein gesunder Boden kann diese Salz- oder Düngerschocks ein wenig ausgleichen (puffern), indem er eine gewisse Menge des Düngers an Bodenkolloide anlagert (sorbiert) und langsam wieder abgibt; dies trifft jedoch nicht für Stickstoff zu.

Die Industrie schläft nicht und so gibt es Düngemittel mit Langzeitwirkung. Das sind granulierte Formen, die sich im Boden langsamer auflösen, immer noch unabhängig vom tatsächlichen Bedarf der Pflanzen, oder die Wirkstoffe sind in kleinen Kunststoffhüllen, die je nach Temperatur und Witterung Nährstoffe abgeben; dies ist die elegantere Lösung. Doch wie alles Elegante hat auch dieses einen hohen Preis.

Entscheidet man sich, Mineraldünger im Garten einzusetzen, gilt es, aus dem riesigen Angebot auf dem Markt den geeigneten Dünger herauszufinden, was gar nicht so einfach ist, da die Nährstoffe in unterschiedlichen chemischen Verbindungen vorliegen können. Dies hat dann Auswirkungen auf die Wirkungsgeschwindigkeit des Düngers, die Beeinflussung des pH-Wertes, eventuelle Nichtanwendbarkeit bei bestimmten Pflanzen. Die nachfolgenden Erklärungen sollen helfen, eine eigene gezielte Auswahl treffen zu können.

Die Wirkung auf den pH-Wert des Bodens hängt ab von chemischen Umsetzungsprozessen und ist nicht immer identisch mit dem pH-Wert des im Wasser gelösten Nährsalzes. So kann ein Dünger zunächst den pH-Wert leicht anheben, wenn er jedoch von der Pflanze aufgenommen wird, stellt sich ein niedrigerer pH-Wert als zuvor ein. »Netto« wirkt er also sauer, der Fachmann spricht von physiologisch sauer wirkenden Düngern oder physiologisch sauren Düngern. Nur dies ist für den Praktiker interessant, deshalb sind die Angaben im folgenden in diesem Sinne zu verstehen.

Der Hobbygärtner wird in der Regel keine Einnährstoffdünger verwenden, sondern Mehrnährstoffdünger sogenannte Volldünger anwenden, mit Stickstoff, Phosphor, Kalium und evtl. Spurenelementen. Die nun folgenden Düngemittel, die meist auch als Einnährstoffdünger zu beziehen sind, sind aber auch Bestandteile der Misch- oder Mehrnährstoffdünger. Auf jeder Verpackung oder einem Beiblatt sollten genaue chemische Analysedaten zu finden sein, die darüber Auskunft geben, welche Stoffe enthalten sind; andere Dünger zu kaufen kann auf keinen Fall empfohlen werden (siehe hierzu auch den Abschnitt Aufgaben der Nährelemente in Kap. 3).

▶ **Stickstoffdünger:** Hierzu gehören: *Nitratdünger,* wie z. B. Kalksalpeter, Ca (NO$_3$)$_2$, sie wirken sofort und sind physiologisch alkalisch;

• *Ammoniumdünger* wie z. B. schwefelsaures Ammoniak ((NH$_4$)$_2$SO$_4$, Ammoniumsulfat) wirken mäßig schnell, da sie im Boden abgepuffert werden können. Ihre Wirkung auf den Boden ist sauer. Natürlich kann man die beiden N-Formen auch kombinieren, dann gibt es Kalkammonsalpeter mit annähernd neutraler Wirkung und Ammonsulfatsalpeter, welches sauer wirkt:

• *Amiddünger,* wie z. B. Harnstoff, die erst nach Umsetzung im Boden pflanzenverfügbar werden. Harnstoff wirkt versauernd. Er wird auch zur Blattdüngung verwendet;

• *Stickstoffdepotdünger* (in Langzeitdüngern) wirken sehr langsam und in der Regel auch versauernd. Die Nährsalzfreisetzung ist abhängig von Temperatur und Feuchtigkeit. Handelsbezeichnungen für diese Dünger nennen sich z. B. Crotodur® oder Isodur®.

▶ **Phosphordünger:** Hier ist für uns die Löslichkeit von entscheidender Bedeutung, sie gibt die Wirkungsgeschwindigkeit an. Phosphor wird durch natürliche Säuren im Boden aufgeschlossen. Die Wirkung ist also u. a. abhängig vom pH-Wert des Bodens. Auf den Düngerverpackungen finden wir Angaben wie z. B. »enthält 9% P$_2$O$_5$ ammoniumcitratlöslich, davon 2,2% P$_2$O$_5$ wasserlöslich«. Unser Beispiel

bedeutet also 2,2% Phosphor können sofort aufgenommen werden und 6,8% lösen sich relativ schnell im Boden.

Zum Vergleich zeigt die Tabelle die verschiedenen Lösungsmittel, nach denen wir unterscheiden:

| Lösungsmittel | Lösbarkeit des Düngers nimmt ab | Pflanzenverfügbarkeit nimmt zu |
|---|---|---|
| Wasser | | |
| Ammoniumcitrat | | |
| Zitronensäure | | |
| Ameisensäure | | |
| Schwefelsäure | | |

Je schwächer das Lösungsmittel, welches das Phosphat freisetzt, um so besser ist es für die Pflanze verfügbar. Thomasphosphat (Thomasmehl) ist zitronensäurelöslich, Hyperphos ist vermahlenes Rohphosphat und zu 80% ameisensäurelöslich, Superphosphat ist zu ca. 93% wasserlöslich.

▶ **Kaliumdünger:** Dazu gehören laut Gesetz auch die Kalium-Magnesium-Dünger, sind überwiegend wasserlösliche Salze. Kalium wird nicht in die Pflanzensubstanz eingebaut, es liegt auch in der Natur immer als Mineral vor. Entscheidend sind hier die Begleitstoffe, die wir mitdüngen. Kaliumchlorid (KCl) ist eigentlich nur für chloridverträgliche Pflanzen geeignet. KCl finden wir in 40er Kali, 50er Kali, 60er Kali sowie in Kainid. Die Bindungsform als Kaliumsulfat (K$_2$SO$_4$) ist hingegen für alle Pflanzen geeignet und auf Dauer für den Boden verträglicher (z. B. in Patentkali). Blaue Mehrnährstoffdünger enthalten Kalium immer als Kaliumsulfat, andersfarbige als Kaliumchlorid- oder in Mischformen. Kalium wird im Boden in erster Linie fest in Tonminerale eingelagert und dort nur langsam wieder abgegeben. Für die Praxis heißt das, wenn ein tonhaltiger Boden Kaliummangel aufweist, so werden bei einer Düngung zuerst wieder die Tonminerale besetzt, wodurch im Extremfall unsere Pflanzen noch keinen Nutzen haben. Das heißt aber auch, daß auf Sandböden niedrigere Kaliumgehalte als auf Lehmböden anzu-

**Übersicht 3:** Einige mineralische Volldünger für den Garten

| Mineraldünger | Nährstoffgehalte in Prozent | | | | | Einfluß auf pH-Wert |
|---|---|---|---|---|---|---|
| | N | P | K | Mg | Ca | |
| Nitrophoska Spezial | 12 | 12 | 17 | 2 | 0 | sauer |
| Nitrophoska Permanent | 15 | 9 | 15 | 2 | 0 | sauer |
| Nitrophoska Perfekt | 15 | 5 | 20 | 2 | 0 | sauer |
| Osmocote | 15 | 12 | 15 | 0 | 0 | sauer |
| Hakaphos | 15 | 11 | 15 | 1 | 0 | sauer |
| Triabon | 16 | 8 | 12 | 4 | 0 | neutral |
| Plantosan 4D Granulat | 20 | 10 | 15 | 6 | 0 | sauer |
| Rasen Floranid | 20 | 5 | 8 | 2 | 0 | sauer |
| Blaukorn | 8 | 8 | 8 | 0 | 0 | schwach sauer |

N = Stickstoff, P = Phosphor, K = Kalium, Mg = Magnesium, Ca = Calcium (Kalk)

streben sind, um jeweils von einer optimalen Versorgung sprechen zu können.

▶ **Magnesiumdünger:** Der einzige Einnährstoffdünger, der häufiger im Garten Verwendung findet, ist *Magnesiumsulfat* oder das bekannte Bittersalz ($MgSO_4$). Wasserlösliches Magnesium ist auch Bestandteil vieler Volldünger oder Kalidünger. Neben dem oben erwähnten $MgSO_4$ gibt es noch verschiedene andere Bindungsformen. Daß Magnesiumchlorid ($MgCl_2$) aufgrund des Chloranteils weniger günstig ist, haben wir schon erfahren. Besser, weil chloridfrei und nicht so schnell wasserlöslich, sind z. B. Magnesiumoxid (MgO) und Magnesiumkarbonat ($MgCO_3$).

▶ **Düngemittelwahl:** Alle bis jetzt gegebenen Informationen lassen sich am besten verarbeiten, wenn man sich einmal seine bisher benutzten Mineraldünger ansieht und sie auf die Angaben bezüglich Wirkungsgeschwindigkeit und Pflanzenverfügbarkeit untersucht. Die Bodenanalysen der Untersuchungsanstalten in den letzten Jahren haben gezeigt, daß im Klein- und Hausgartenbereich die meisten Böden mit Kalium und noch stärker mit Phosphor überversorgt sind. Oft reicht der Vorrat für mehrere Jahre. Daran sollten wir denken, wenn wir unsere Volldünger bzw. Mehrnährstoffdünger auswählen. Im Durchschnitt brauchen Pflanzen 10mal soviel Stickstoff wie Phosphor. Selbst wenn wir Stickstoffverluste einkalkulieren, sind wir immer noch bei einem Verhältnis von mindestens 7:1. Wer wird da noch gleiche Mengen Stickstoff und Phosphor düngen?

Auch der Handel hat inzwischen darauf reagiert und liefert betont phosphorarme bzw. phosphorfreie Mehrnährstoffdünger.

Grundsätzlich läßt sich auch festhalten, daß mineralische Düngemittel auf den Boden meistens eine leicht versauernde Wirkung haben, es sei denn, sie enthalten entsprechende Mengen Kalk, das dem entgegenwirkt.

Beispiel für die »Übersetzung« der Herstellerangaben auf dem Düngersack:

NPK-Dünger mit Magnesium 15 + 5 + 20 + 2 + Spuren:

• 15% N, Gesamtstickstoff (7% Nitratstickstoff + 8% Ammoniumstickstoff);

*Bedeutung* = wirkt schwach sauer, Wirkung sofort (Nitratanteil), nachhaltig (Ammoniumanteil) jedoch nicht sehr langanhaltend;

• 5% $P_2O_5$, ammoncitratlösliches und wasserlösliches Phosphat, 1,5% wasserlösliches Phosphat;

*Bedeutung* = sofort wirksames und relativ gut verfügbares Phosphat,

• 20% $K_2O$, wasserlösliches Kalium;

*Bedeutung* = die gesamte Kalimenge ist in relativ kurzer Zeit verfügbar, jedoch keine Chloridschäden;

• 2% MgO, Magnesium;

*Bedeutung* = nicht sofort wirksam, aber gut verfügbar,

• 0,05% B, Bor; 0,1% Mn, Mangan; 0,02% Zn, Zink; usw.;

*Bedeutung* = Anteile der erwähnten Nährelemente, wobei die Bindungsform häufig nicht angegeben ist, das spielt jedoch keine große Rolle.

Dies wäre also ein Dünger z. B. für Gemüse, der eingeschränkt auf Sandböden anzuwenden ist, da sich nicht sämtliche Wirkstoffe sofort im Bodenwasser lösen. Auf schwerem Boden kann der Dünger ebenfalls Einsatz finden, aufgrund seines hohen Kaliumgehalts.

Da Mineraldünger sich unabhängig von der Tätigkeit des Bodenlebens auflösen, sollten sie auf keinen Fall im Herbst ausgebracht werden, wenn die Pflanzen nur noch wenig der Nährstoffe aufnehmen.

Vorsicht beim Umgang mit Düngemitteln. Es handelt sich um konzentrierte Stoffe, die der menschlichen Gesundheit nicht förderlich sind. Verschlucken, Einatmen sowie Kontakte mit der Haut und besonders den Schleimhäuten müssen vermieden werden. Besonders gilt das natürlich für die mineralischen Dünger, aber auch bei allen anderen sollte man vorsichtig sein und selbstverständlich Handschuhe tragen.

Dünger gehören nicht in die Nähe von Lebensmitteln, oder in die Hände von Kindern.

# 5
# Bodenbearbeitung und Bodenverbesserung

## Bodenuntersuchung — selbst gemacht

Um zu entscheiden, wie der Boden behandelt werden soll und um die richtige Maßnahme zum richtigen Zeitpunkt zu treffen (z. B. oberflächliches Lockern nach stärkeren Regenfällen kann bei sandigem Lehm durchaus sinnvoll sein, wäre aber auf tonigem Lehm ein fataler Fehler), muß man zuallererst einmal wissen, um welchen Boden es sich im eigenen Garten überhaupt handelt und fast genauso wichtig, in welchem Zustand sich dieser Boden befindet. Das erstere bereitet dem Laien schon große Schwierigkeiten (meiner Erfahrung nach sind mindestens 50% der Einschätzungen von Hobbygärtnern relativ weit von der Realität entfernt). Das zweite ist selbst für Profis ohne Zuhilfenahme von Laboruntersuchungen nur unzureichend möglich. Das oben Gesagte soll aber nicht dazu führen, die Flinte jetzt ins Korn zu werfen.

Es gibt mehrere Möglichkeiten festzustellen, mit welcher *Bodenart* man es zu tun hat. Am genauesten ist es, die einzelnen Anteile der

◄

Die Auswahl der Pflanzen muß auf die vorhandenen Bodenverhältnisse abgestimmt sein. Darüber hinaus sichern richtige Bodenbearbeitung und Bodenverbesserung den Erfolg des Gärtners

Korngrößen zu bestimmen. Dazu kann man eine Bestimmung mittels Fingerprobe vornehmen. Hierbei muß man wissen, wie die Korngrößen zu unterscheiden sind (siehe auch in Kapitel 2 den Abschnitt »Zusammensetzung der Böden«).

• *Sand:* Einzelteilchen sind körnig, gut sicht- und fühlbar. Sand bindet nicht, ist nicht dauerhaft formbar. Sand (trocken) haftet nicht an den Fingern.

• *Schluff:* Einzelteile sind mehlig, kaum fühlbar. Schluff ist formbar und haftet an den Fingern.

• *Ton:* Einzelteile sind schmierig, nicht einzeln fühlbar. Ton ist plastisch, gut form- und ausrollbar.

Eine weitere Methode um festzustellen, welche Korngrößen in welcher Menge vorhanden sind, kann man einen Klumpen Boden (ca. 5 cm Durchmesser reichen aus) in einem Deckelglas mit Wasser gut verrühren, solange bis alle Bodenteilchen gut im bewegten Wasser schweben. Dann verschließt man das Glas und stellt es mindestens 48 Stunden ruhig ab. Das Glas darf während dieser Zeit nicht bewegt werden. Wenn sich der Boden abgesetzt hat, kann man die Mengenanteile der Korngrößen genau sehen, und zwar von unten nach oben Sand, Schluff, Ton. Humusanteile setzen sich darüber oder gar nicht ab. An der Trübung des Wassers kann man abschätzen wieviel Humus im Boden ist. Hat man nun mit einer dieser Methoden Klarheit darüber geschaffen, die Mengenverhältnisse betreffend, läßt sich anhand der Bodenarten ersehen, wie der Boden anzusprechen ist.

Nicht ganz so exakt, aber immer noch hinreichend genau ist der Bodenschnelltest (siehe Übersicht 4).

Noch einfacher ist natürlich, einen Experten zu befragen. Aber wie auch immer, mit der Bestimmung der Bodenart allein ist es nicht getan.

Dabei gelten:
• weniger als 1% Humus = humusarm,
• 1-2% Humus = schwach humos,
• 2-4% Humus = mäßig humos,
• 4-8% Humus = stark humos.

Ein Prozentsatz für den optimalen Anteil läßt sich nicht angeben, da dieser von vielen Faktoren (Klima, Feuchtigkeit, Durchlüftung des Bodens usw.) abhängig ist.

**Übersicht 4:** Boden-Schnelltest

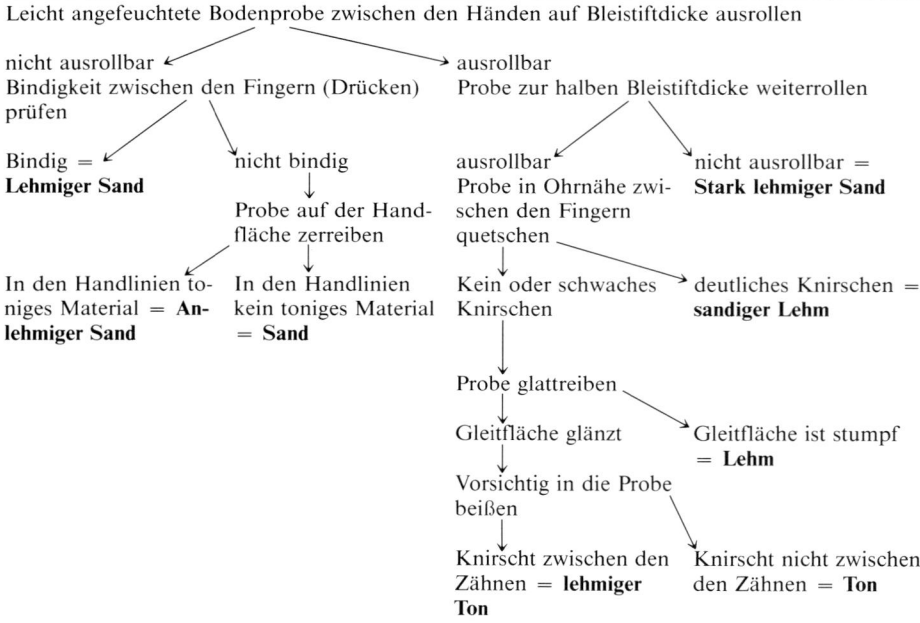

Leicht angefeuchtete Bodenprobe zwischen den Händen auf Bleistiftdicke ausrollen

nicht ausrollbar ← → ausrollbar
Bindigkeit zwischen den Fingern (Drücken) prüfen — Probe zur halben Bleistiftdicke weiterrollen

Bindig = **Lehmiger Sand** — nicht bindig — ausrollbar — nicht ausrollbar = **Stark lehmiger Sand**

Probe auf der Handfläche zerreiben — Probe in Ohrnähe zwischen den Fingern quetschen

In den Handlinien toniges Material = **Anlehmiger Sand** — In den Handlinien kein toniges Material = **Sand** — Kein oder schwaches Knirschen → deutliches Knirschen = **sandiger Lehm**

Probe glattreiben

Gleitfläche glänzt → Gleitfläche ist stumpf = **Lehm**

Vorsichtig in die Probe beißen

Knirscht zwischen den Zähnen = **lehmiger Ton** — Knirscht nicht zwischen den Zähnen = **Ton**

Als nächstes sollte man sich Klarheit über den *Humusgehalt* des Bodens verschaffen. Dies ist zur Abwechslung einmal relativ einfach. Hinweise geben uns die Farbe und der Geruch des Bodens. Je dunkler ein Boden bzw. je stärker er nach feuchtem (Laub-) Waldboden riecht, um so höher ist sein Humusanteil (siehe hierzu auch in Kap. 2 den Abschnitt Zusammensetzung der Böden).

Nachdem jetzt Bodenart und Humusgehalt bestimmt sind, geht es an die *Bodenstruktur* (siehe auch Kap. Poren, Krümel, Kolloide). Sie genau zu bestimmen ist in der Regel nicht nötig, es reicht zu wissen, wie der Luft- und Wasserhaushalt beschaffen ist (siehe hierzu auch Kap. Zusammensetzung der Böden). Dazu beobachtet man den Boden nach stärkeren Regenfällen oder längeren Trockenzeiten:

▶ Nach dem Regen
• muß das Wasser zügig versickern, ohne daß sich Pfützen oder Matschzonen bilden,
• der Boden darf nicht verschlämmt aussehen, sondern muß fein krümelig sein.
▶ Während längerer Trockenperioden
• darf der Boden nicht zu schnell austrocknen,
• beim Trocknen dürfen sich keine Risse bilden.

Weiterhin deutet intensive Regenwurmtätigkeit auf eine gute Struktur hin. Eine weitergehende Methode ist die Betrachtung eines Bodenprofils. Dazu benutzt man einen Spaten (der oft empfohlene Görbing-Spezialspaten ist zwar praktisch, aber nicht unbedingt notwendig), mit dem man zunächst ein kleines rechteckiges Loch mit senkrechten Wänden, ca. 25-30 cm tief, neben einer (Kultur-Rasen-Gründüngungs-) Pflanze in den Boden sticht. Dann nimmt man ein Brett o. ä. und sichert damit (eventuell mit einem Helfer) eine Wand des Loches. In ca. 10 cm Abstand parallel zu der gesicherten Wand wird nun der Spaten erneut in die Erde gestochen und das gewonnene Bodenprofil sorgfältig herausgehoben. Nachdem nun vorsichtig die äußere, vom Spaten verschmierte, Schicht vom Erdquader entfernt wurde, wird das Profil betrachtet. Die Struktur wird deutlich. Je stärker und tiefer die Durchdringung mit feinen Wurzeln, um so besser. Es sollten Regenwurmgänge erkennbar sein. Geübte Beobachter können an einem Profil auch echte Krümel und luftführende Poren erkennen. Sollten geknickte Wurzelverläufe oder das Fehlen von Leben (Regenwürmer, Käfer, Wurzeln etc.) innerhalb des unteren Teils festgestellt werden, muß auf jeden Fall etwas getan werden (Gründüngung mit Erbsen o. ä. oder tiefgründiges mechanisches Lockern; siehe Kap. 5 Bodenbearbeitung und Bodenverbesserung und Kap. 7 Mulchen und Gründüngung).

Wenn jetzt auch die Struktur erkannt und eine eventuelle Verbesserung in Angriff genommen werden kann, sollte man sich dem *pH-Wert des Bodens* zuwenden. Der pH-Wert ist äußerst wichtig für die Verfügbarkeit von Nährstoffen und das Gedeihen der Pflanzen (z. B. Rhododendren kümmern bei einem pH-Wert, der über 5 liegt; Gemüse bei einem pH-Wert niedriger als 5,5. Dies geschieht grob durch Zeigerpflanzen (siehe Kap. Zeigerpflanzen) oder durch sogenannte pH-Schnelltests, die in Form von Testpapier oder Teststäbchen für wenig Geld im Fachhandel erhältlich sind. Diese Tests erfüllen ihre Funktion sehr gut, anders als die (meist im Versand) angebotenen pH-Tester in Form von Metallsonden, die in den Boden gesteckt werden und an deren Oberseite ein Zeiger auf einer Skala den pH-Wert anzeigen soll. Diese Geräte mit Preisen zwischen 10,- und 40,- DM arbeiten mit unerhörter Ungenauigkeit und sind absolut unbrauchbar.

Als letztes muß man sich Klarheit über den *Nährstoffgehalt* des Bodens verschaffen. Das geschieht sehr grob durch Zeigerpflanzen (siehe Abschnitt Zeigerpflanzen in Kap. 5) bzw. Mangelsymptome an den Kulturpflanzen (siehe Abschnitt Aufgaben der Nährelemente in Kap. 3), hinreichend genau ist diese Methode jedoch nicht. Besser ist schon die Untersuchung des Bodens mit Hilfe von Hobbygärten-Bodentests. Hier ist der Markt vielfältig und nicht alles, was angeboten wird, ist sein Geld wert. Außerdem ist die Anwendung bei einigen Angeboten recht kompliziert, so daß eigentlich nur der Weg einer Bodenuntersuchung in einem offiziellen Labor wirklich sinnvoll ist. Bei diesen Labors kann man sich Beutel für die Einsendung von Bodenproben schicken lassen. Gleichzeitig erhält man eine genaue Anleitung für die korrekte Entnahme dieser Proben. Die Untersuchung richtet sich im Umfang nach den Wünschen des Auftraggebers und geht von der Grunduntersuchung (Phosphor, Kalium, pH-Wert) für ca. 15,- DM bis zu Untersuchungen über alle Nährelemente incl. Spurenelementen für über 200,- DM. In der Regel reicht aber die Untersuchung über Stickstoff, Phosphor, Kalium, Magnesium und den pH-Wert. Diese Untersuchung kostet ca. 60,- DM, eine Ausgabe, die sich wirklich lohnt, zumal nicht nur der Nährstoffgehalt angegeben wird, sondern auch eine auf den Bodentyp abgestimmte Düngeempfehlung. Das spart Geld (Überdüngung fällt so weg) und schafft erhöhte Freude am Garten durch optimal wachsende Pflanzen. Die Bodenuntersuchung sollte jedes Jahr, zumindest aber alle 2 Jahre zu Beginn der Vegetationsperiode durchgeführt werden von den Landwirtschaftlichen Untersuchungs- und Forschungsanstalten (LUFA) oder von privaten Labors. Die ihrem Wohnort am nächsten gelegene Untersuchungsstelle entnehmen Sie bitte ihrem Branchenfernsprechbuch oder erfragen sie in ihrer Baumschule.

So mit Kenntnissen über unseren Boden ausgestattet, wird es leicht fallen, die richtigen Maßnahmen zur Verbesserung oder Erhaltung der Bodenfruchtbarkeit zu treffen.

## Zeigerpflanzen

Pflanzen können Hinweise über den Boden geben, da viele von ihnen nur unter bestimmten Bedingungen gedeihen können. Dabei muß jedoch beachtet werden, daß vereinzeltes Auftreten noch nichts bedeutet, erst wenn eine der nachfolgend benannten Arten in verstärktem Maße auftritt, können Rückschlüsse gezogen werden.

▶ *Sandreichen, lockeren Boden* zeigen an: Kiefer, Besenginster, Heidekraut, Königskerze.

▶ *Lehm- und Tonboden und Bodenverdichtung* zeigen an: Ackerschachtelhalm, Wurmfarn, Sternmiere, Leberblümchen, Ackerhahnenfuß, Lungenkraut, Binsen.

▶ *Kalkhaltigen Boden* zeigen an: Hopfen, Seidelbast, Eibe, Waldrebe, Frauenschuh, Mannsknabenkraut, Sonnenwolfsmilch, Ackersenf, Tollkirsche, Taubnessel, Küchenschelle, Silberdistel.

▶ *Kalkmangel* zeigen an: Torfmoose, Schafschwingel, Wollgras, Sauerampfer, Hederich, Krähenbeere, Stechginster, Preiselbeere, Heidelbeere, Schachtelhalm.

▶ *Starksaure Böden* zeigen an: Preiselbeere, Heidelbeere.

▶ *Neutralen pH-Wert* zeigen an: Huflattich, Echte Kamille, Klettenkraut.

▶ *Alkalischen Boden* zeigen an: Leberblümchen, Wiesen-Storchschnabel.

▶ *Stickstoffmangel* zeigen an: Schachtelhalm, Binsen, Hungerblümchen, Saatwucherblume, Arnika, Kamille, Zittergras, Ackerstiefmütterchen.

▶ *Viel Stickstoff* zeigen an: Brennessel, Bärenklau, Weiße Taubnessel, Melde, Löwenzahn, Vogelmiere, Rispengras.

▶ *Viel Wasser im Boden* zeigen an: Torfmoos, Schilfrohr, Weide, Erle, Trollblume, Blutweiderich, Wiesenschaumkraut, Sumpfdotterblume.

▶ *Wenig Wasser im Boden* zeigen an: Sonnenröschen, Fingerkraut, Ehrenpreis, Katzenpfötchen, Ginster, Königskerze, Kleiner Wiesenknopf, Wundklee.

## Gartengeräte

Der erfahrene Gartenliebhaber weiß, welche Arbeit er am besten mit welchem Gerät ausführt. Der Neuling jedoch steht dem riesigen Angebot an Gartengeräten fast hilflos gegenüber. Um ihm teures Experimentieren zu ersparen, sollen hier die wichtigsten Geräte aufgeführt und beschrieben werden.

▶ **Spaten:** Ein Großteil aller Gartenarbeiten wird mit dem *Spaten* ausgeführt. Deshalb sollte beim Spatenkauf auf Qualität geachtet werden. Hier zu sparen führt fast zwangsläufig zu unbefriedigendem Arbeiten. Die Blattform variiert nur geringfügig und ist auch von untergeordneter Bedeutung, anders die Stellung des Blattes zum Stiel. Der Winkel sollte weder zu groß noch zu klein sein (ca. 10°). Ein »Tritt« (d. h. eine Verbreiterung an der oberen Kante) erleichtert die Arbeit sehr und schont das Schuhwerk und besonders die Füße. Die Mehrausgabe für einen Spaten aus Edelstahl lohnt sich auf jeden Fall, er ist nicht so pflegeintensiv, mit ihm arbeitet es sich einfacher und er hält länger. Bei Nichtedelstahlspaten ist auf gutes Material zu achten, um späteren Ärger mit umgebogenen oder ausgebrochenen Blattunterkanten zu vermeiden. Die Form des Griffes, ob T- oder D-Griff, hängt von der persönlichen Vorliebe ab.

▶ **Grabegabel:** Diese wird ähnlich wie der Spaten eingesetzt und unterliegt grundsätzlich den gleichen Beurteilungsmaßstäben. Daraus zu schließen, daß auf eine Grabegabel verzichtet werden kann, wäre jedoch falsch, da die Grabegabel als einziges Gerät in der Lage ist, den Boden unter Bäumen bzw. Sträuchern wurzelschonend zu lockern; darüber hinaus ist die Grabegabel unentbehrlich beim Entfernen von Beikräutern.

Unentbehrlich sind in jedem Garten Geräte zum Lockern der Bodenoberfläche

▶ **Schaufel:** Sie dient dem Aufnehmen loser Erde, Kompost usw. und ist unentbehrlich auch beim Ausbringen von Gesteinsmehlen etc.. Die Schaufeln, die für das Bauhandwerk angeboten werden, eignen sich vorzüglich für die Gartenarbeit und besitzen auch genügend Stabilität. Schaufeln mit zugespitztem Blatt erleichtern die Arbeit mit nicht ganz lockerem Material wesentlich.

Kraft und Zeit hilft dieses Gartengerät beim Anhäufeln sparen

▶ **Harke:** Ein Universalgerät, das zum Lockern gegrabenen Bodens, Planieren lockeren Bodens, der Gewinnung von Kompostmaterial (angewelkter Rasenschnitt usw.), sowie dem Einbringen des Laubes vom Rasen in die Beete gleichgut geeignet ist. Anhand dieser Aufzählung wird deutlich, daß eine Harke öfter zur Hand genommen wird; sie sollte deshalb stabil sein und gleichzeitig die Arbeit nicht zu schwer machen. Ideal sind demnach Harken aus Aluminium. Harken aus anderen Materialien (Eisen, Holz) haben im Garten eigentlich ihre Berechtigung verloren (Ausnahmen bilden nur wirklich schwere Böden). Die Arbeit mit der Harke wird durch einen langen Stiel vereinfacht.

▶ **Schlaghacke:** Diese findet ihren Einsatz in der Wildkrautbekämpfung und dem Herstellen von Bodenmulchschichten (oberflächliches Lockern), wird auf beiden Gebieten jedoch durch Grubber oder mit Grubbern kombinierten Ziehhacken verdrängt. Schlaghacken gehören deshalb nicht zur Grundausstattung.

▶ **Grubber:** Grubber sind in vielen Formen und Größen erhältlich, allen gemein ist jedoch ihre Funktionalität. Mit Grubbern werden Beete oberflächlich gelockert, Unkraut entfernt, Bodenhilfsstoffe und Dünger eingearbeitet. Der große Vorteil von Grubbern ist ihre Fähigkeit, den Boden zu lockern, ohne seine Schichtung zu verändern (das Bodenleben bleibt ungestört). Der Grubber ist bei der Bodenpflege das am meisten gebrauchte Gerät; deshalb ist die Anschaffung von zwei verschiedenen Ausführungen empfehlenswert. Als erstes eine kleine handliche Ausführung mit drei Zinken zum Einarbeiten etc., eine größere stabilere zum Lockern (diese Ausführung evtl. in Kombination mit einer Ziehhacke).

Sonderformen des Grubbers sind der sogenannte »Sauzahn« und das »Gartenwiesel«. Beide sind durchaus als Zusatzgeräte empfehlenswert, aufgrund ihres beschränkten Einsatzbereichs jedoch als Ersatz für einen herkömmlichen Grubber nicht geeignet.

Wie bei Harken erleichtert auch bei Grubbern ein langer Stiel die Arbeit.

▶ **Schubkarre:** Unentbehrlich im Garten ist eine stabile Schubkarre. Bei der Auswahl sollte man auf einen günstigen Schwerpunkt achten;

das Gewicht muß auf dem Reifen lasten, nicht auf den Holmen. Zum Thema Gewicht noch ein Tip: Herkömmliche Karren sind in der Wannengröße 85 l und 110 l erhältlich, wobei die 110 l-Versionen nur unwesentlich teurer sind. Trotzdem ist die 85 l-Karre eher zu empfehlen, wenn sie (mit Boden) vollgeladen ist, ist sie weiß Gott schwer genug, aber dann immer noch etwas besser zu handhaben als die größere 110-l-Karre. Bei der Wanne empfiehlt es sich, verzinkte Ausführungen zu wählen; sie sind leichter zu reinigen und weitaus haltbarer.

Schließlich noch ein allgemeiner Tip: Wenn neue Werkzeuge gekauft werden, sollten Stiele bzw. alle Holzteile vor Gebrauch mit feinem Schmirgelpapier geglättet und danach mit Firnis eingestrichen werden. So lassen sich viele Blasen vermeiden. Daß Werkzeuge sofort nach Gebrauch gesäubert werden müssen und bei längerem Nichtgebrauch (Winterpause) eingefettet werden, versteht sich von selbst.

▶ **Motorhacken:** Fälschlicherweise oft Fräsen genannt, werden fast ausnahmslos von Zweitaktmotoren von 1,4 bis 4 KW angetrieben. Es gibt Triebbandhacken und über die Messer angetriebene Hackgeräte. Das Funktionsprinzip ist ähnlich dem der echten Fräsen: die rotierenden Messer zerschlagen die obere Bodenschicht und wirbeln die Teile durcheinander. Bei mehrfachem Überfahren einer Fläche läßt sich eine gute Lockerung erzielen. Dieser Erfolg ist, da es sich um eine reine Bearbeitungsgare handelt, nur von kurzer Dauer, spätestens beim nächsten Regen wird alles wieder verschlämmt. Jeder Arbeitsgang mit der Motorhacke ist aber äußerst schädlich für den Boden, da das Bodengefüge total durcheinandergewirbelt und das Bodenleben dadurch empfindlich gestört wird. Außerdem verdichtet sich der Boden unterhalb der bearbeiteten Schicht durch die Vibration des Motors und der Messerwelle. Diese bequeme Art der Bodenlockerung kann demzufolge auf keinen Fall empfohlen werden.

▶ **Komposthäcksler:** In den letzten Jahren haben die Komposthäcksler in Privatgärten immer stärkeren Einzug gehalten. Diese Geräte zerkleinern harte oder sperrige organische Materialien, so daß diese ohne längere Rottezeit dem normalen Kompost zugefügt werden kön-

nen. So oder ähnlich lauten die Versprechungen der Hersteller. Leider zeigt die Erfahrung, daß die Realität anders aussieht. Geräte, die vom Preis her für den Privatgarten geeignet sind, zeichnen sich fast immer durch mangelnde Kraftentfaltung aus, was sich in übertriebener Störanfälligkeit oder im Hang zum Verstopfen äußert. Dafür entwickeln sie jedoch eine Lautstärke, die weder den eigenen Ohren noch der Geduld des Nachbarn zugemutet werden darf.

Elektrisch angetriebene Komposthäcksler können eine wertvolle Hilfe sein, aber nur wenn sie ausreichend leistungsfähig sind. Bei der Anschaffung sollte deshalb zuerst auf Qualität und Sicherheitsstandard geachtet werden. Für kleinere Gärten sind Handhäcksler zu empfehlen

Geräte, die zwar immer noch laut, aber so kräftig sind, tatsächlich Obstbaumschnitt oder gerodete Sträucher kompostfähig zu zerkleinern, belasten die Geldbörse des Gartenbesitzers in vielen Fällen sicher zu sehr. Da (wie Anfragen bei Versicherungsgesellschaften bestätigen) die Unfallgefahr beim Einsatz der Geräte trotz ständig gestiegener Sicherheitsanforderungen immer noch sehr hoch ist, kann von der Anschaffung eines Komposthäckslers nur abgeraten werden.

Als Alternative zum Zerkleinern der im Hausgarten anfallenden Kompostmaterialien kann auf Handhäcksler zurückgegriffen werden. Diese sind, sowohl als Luxusausführung mit automatischem Schnittvorschub, als auch in Form von einfachen Ständern für Astscheren im Handel. Sie führen die Arbeit zufriedenstellend aus und schonen dabei das eigene Gehör, die Nerven der Nachbarn und den Geldbeutel.

# Bodenbearbeitung

Vor einigen Jahren ist ein heftiger Streit darüber entbrannt, ob der Boden vom Menschen bearbeitet werden soll, oder ob diese Arbeit dem Bodenleben überlassen bleiben muß. Das Umgraben war zeitweise verpönt, wer es dennoch wagte, galt als schlimmer Umweltsünder, gerade erlaubt war das Lockern mit dem Grubber, möglichst aber mit kupfernem Sauzahn. Die eifrigsten Naturverfechter sahen den Boden mechanisch ungelockert am liebsten. Merkwürdig dabei war, daß alle drei Parteien gute Argumente auf ihrer Seite hatten. Gerade aber diese Tatsache brachte die Lösung, sie heißt: Sowohl als auch. Es gibt Böden, die stark, solche, die mäßig und ganz selten, solche, die nicht bearbeitet werden müssen oder dürfen. Beginnen wir mit dem letzteren. Wenn Sie bei normal feuchtem Boden die Hand mit ausgestreckten Fingern bis zum Gelenk ohne größeren Widerstand eindrücken können, wäre jede Bodenlockerung schädlich. Leichte oder in gutem Zustand befindliche schwere Böden dürfen nur schonend, schwere oder verdichtete müssen stark gelockert werden. Vergessen darf man dabei allerdings nicht, daß jede Maßnahme einen Eingriff in das von Lebewesen wimmelnde Stück Natur, das wir Boden nennen, darstellt. Jeder Eingriff bedeutet Störung. Deshalb ist es wichtig genau abzuwägen, ob der Schaden, den man anrichtet, auf der anderen Seite ein größerer Nutzen gegenübersteht —

im Zweifel daher lieber auf eine Maßnahme verzichten, als einmal zuviel stören.

▶ **Wie wird ein Boden in Kultur genommen:** Die Standardfrage nach dem Bau eines Hauses. Der stolze Besitzer blickt auf die Fläche, die einmal Garten werden soll und sieht in den meisten Fällen Reste von Bauschutt, Baugrubenaushub und dort, wo der Oberboden (früher Mutterboden) verteilt wurde, sprießt das Wildkraut, das Ganze auf von Baufahrzeugen verdichtetem Grund. Im folgenden sind die Maßnahmen zusammengestellt, die aus diesem Ödland einen Garten entstehen lassen. Die Arbeitsanleitung ist sinngemäß natürlich auch für die Neuanlage von Gärten, die Umgestaltung von Rasenflächen oder aus sonstigen Gründen verdichteten Flächen anzuwenden.

• Begonnen wird selbstverständlich mit dem Entfernen von Schutt, ungeeigneten Resten des Baugrubenaushubs und unerwünschtem Aufwuchses. Dabei gewinnt man erste Eindrücke vom anstehenden Boden anhand der Spontanvegetation, unter der sich meist Zeigerpflanzen befinden (siehe Abschnitt Zeigerpflanzen).

• Wenn dies geschehen ist, gilt es, dem Gelände die gewünschte Oberflächenmodellierung zu geben, dabei sollte durchaus an Hügel, Senken etc. gedacht werden, die natürliche Oberfläche ist nur selten völlig eben.

• Wenn das Gelände »liegt«, wie der Fachmann sagt, beginnt der mühsamste Teil des Unterfangens, die Beseitigung der Untergrundverdichtung. Dies geschieht durch »Holländern«, d. h. zwei Spaten tiefes Umgraben (genaue Beschreibung siehe Abschnitt »Arbeitsverfahren«). An dieser Stelle jedoch eine Warnung: Holländern ist ein äußerst schwerer Eingriff in das Bodengefüge, der nur zum Entfernen von Untergrundverdichtungen vorgenommen werden darf, sonst auf gar keinen Fall. Das von Garten- und Landschaftsbauern häufig angewandte Fräsen ist kein Ersatz für das Holländern, da die erforderliche Tiefe auch mit schwersten Geräten nicht erreichbar ist. Ebensowenig Ersatz ist das Pflügen, da hierbei der Boden gedreht wird. Der tote Boden wird hierbei an die Oberfläche geholt und der belebte Oberboden »begraben«.

• Wenn das Holländern im Frühjahr, Sommer oder Frühherbst vorgenommen wurde, wird

49

die ganze Fläche mit Harke oder Grubber gekrümelt und unverzüglich danach werden Gründüngungspflanzen eingesät (geeignete Pflanzen siehe Abschnitt Gründüngung in Kapitel 7). Sollte der Termin im Spätherbst, zweite Oktoberhälfte oder November liegen, wird der Boden grobschollig liegengelassen — das fördert die Frostgare —. Im nächsten Frühjahr wird der Boden »gekrümelt« und Gründüngung eingesät.

Die Gründüngungspflanzen dürfen nicht zur Blüte kommen, da sonst der gesammelte Stickstoff wieder entzogen wird, also vorher mähen. Das Mähgut kommt selbstverständlich auf den Kompost, oder bleibt auf der zukünftigen Pflanzfläche als Mulchschicht liegen.

• Auf der zukünftigen Rasenfläche kann nun wie üblich gesät werden. Die Pflanzflächen werden im Herbst in Angriff genommen: Die Mulchschicht aus Resten der Gründüngung kommt auf den Kompost, der Boden wird mit dem Grubber gelockert. Anschließend kann gepflanzt werden. Sofort nach dem Pflanzen wird der Boden wieder bedeckt, also entweder gemulcht (Mähgut des Rasens), oder wenn die Zeit noch für ein Auflaufen von Gründüngungspflanzen reicht, selbstverständlich grüngedüngt. In Pflanzflächen hat sich Bienenfreund (Phacelia) als ideal erwiesen. Diese Pflanze bleibt niedrig, sieht interessant aus und erfreut durch eine äußerst schöne Blüte. Gemüsebeetflächen bleiben bis ins folgende Frühjahr gemulcht, danach werden sie mit dem Grubber gelockert und dann wie gewohnt angelegt. Auch hier wird, wo es möglich ist, gemulcht (Beispiel: Stroh unter Erdbeeren). Sollte eine Fläche des Gartens länger ungenutzt bleiben, empfiehlt sich der Anbau von Comfrey-Pflanzen als Gründüngung. Sie bedecken den Boden schnell, sehen interessant aus und sind darüber hinaus eßbar. Der Eiweißgehalt liegt sogar höher als bei der von Ernährungswissenschaftlern gelobten Sojabohne.

## Jahreszeitlich wiederkehrende Bodenarbeiten:

▶ *Frühjahr:*
• Lockern des Bodens. Dies geschieht auf allen Böden mit dem Grubber, sofern sich die Fläche schon in Kultur befindet und nicht gemulcht ist. Gemulchte Flächen werden nicht gelockert. Die Lockerungstiefe soll 15–20 cm betragen. Der Zeitpunkt muß so gewählt werden, daß der Boden nicht mehr von Schmelzwasser naß, aber auch noch nicht von den ersten sonnigen Tagen ausgetrocknet ist.

• Einarbeiten von Dünger oder Bodenhilfsstoffen. Organische Handelsdünger wie auch Gesteinsmehl werden vor Beginn der Wachstumsperiode leicht mit dem (kleinen) Grubber in den Boden eingearbeitet. Sollen Mist oder Kompost in den Boden gebracht werden, muß er mit dem Spaten flach eingegraben werden.

• Vorbereiten von Saat- und Pflanzbeeten. Sollen im Frühjahr Gemüse, Blumen oder Gründüngung gesät oder gar Sträucher, Bäume etc. gepflanzt werden, muß zuvor die betreffende Fläche tief (ca. 25 cm) gelockert werden. Dies geschieht auf schweren Böden durch Umgraben, auf leichten Böden durch Grubbern.

▶ *Sommer:*
• Wildkraut entfernen. Auf den gut gepflegten bewachsenen oder gemulchten Böden wird Wildkraut nicht zum Problem werden können, hier ist es zumeist ausreichend, es durch Herausziehen (geht bei mittlerer Bodenfeuchte am besten) dauerhaft zu entfernen. Sollte es doch einmal nötig sein, größere Wildkrautbestände zu entfernen, so gibt es zwei probate Methoden. Bei heißem trockenem Wetter wird das Wildkraut mit der Ziehhacke flach abgehackt und auf der Fläche als Mulch liegengelassen. Dort wird es von Regenwürmern schnell in den Boden gezogen und dient als Humus und Dünger für die Kulturpflanzen. Bei feuchtem Wetter bzw. Boden wird dieser flach (ca. 10 bis 15 cm tief) mit der Grabegabel gelockert, dabei das Wildkraut mitsamt Wurzeln entfernt. Nach kurzer Anwelkzeit kommt es auf den Kompost und dient uns so als Humus und Dünger.

• Den Boden vor Verdunstung schützen. Dicht bewachsene oder gemulchte Böden sind ausreichend vor Verdunstung geschützt. Wenn aber Boden nackt der Sonne ausgesetzt ist, muß während Trockenperioden öfter die Oberfläche gelockert werden, aber nur ganz flach (max. 5 cm tief). Dies geschieht durch vorsichtiges Hacken oder Grubbern. Der Verdunstungsschutz besteht darin, daß die winzigen

Röhrchen (Kapillaren), in denen das Wasser aufsteigt, unterbrochen werden. Die gelockerte Schicht trocknet dabei völlig aus, weshalb sie möglichst dünn gehalten werden muß.

• Einarbeiten von Ergänzungsdüngern. Dies geschieht in gleicher Weise wie im Frühjahr (siehe dort).

▶ *Herbst:*

• Umgraben. Das Umgraben im Herbst kommt selbstverständlich nur auf nicht gemulchten Flächen in Betracht. Aber auch auf nicht gemulchten Flächen ist es nur bei schweren Böden sinnvoll. Hier wird bis zur vollen Spatentiefe gearbeitet und die Fläche grobschollig liegengelassen. Der winterliche Frost läßt das Wasser in der Erde gefrieren und sprengt so die Schollen zu kleinen Krümeln (Frostgare). Durch die Frostgare entstehen Luftporen im Boden, die dem Bodenleben förderlich sind. Außerdem erwärmt sich der Boden schneller, wiederum mit positiven Auswirkungen auf das Bodenleben. So kommt es dann zur Bildung der echten Bodengare.

• Einarbeiten von Fallaub. Früher wurde Laub mühsam aus Pflanzungen und Rasenflächen gekratzt. Dies ist natürlich unsinnig, zumindest auf den Pflanzflächen. Das Gegenteil wäre sinnvoll: Laub vom Rasen in die Beete kehren und dort als Mulch liegen lassen. Wem dies zu »unordentlich« aussieht, der kann das Laub mit dem Grubber oder mit der Grabegabel flach einarbeiten. Wenn all dies nicht möglich ist, z. B. weil die Fläche zu dicht bewachsen ist oder zu dicht durchwurzelt ist, gehört das Laub auf den Kompost.

▶ *Winter:*

• Frostschutz. Jedes Grad Frost, das dem Boden erspart bleibt, kommt dem Gärtner im nächsten Jahr zugute, der Boden taut schneller auf, erwärmt sich eher, das Bodenleben wird weniger gestört. Möglichkeiten des Frostschutzes, besser gesagt der Frostminderung bestehen durchaus, z. B. indem wir den Boden mulchen, und den Boden möglichst dicht bewachsen in den Winter gehen lassen, also trockene Stauden erst im Frühjahr abschneiden oder wenn der Boden nicht gemulcht werden kann und nicht bewachsen ist (z. B. Gemüsebeet), indem wir ihn mit Fichtenzweigen, Strohmatten oder ähnlichen Materialien abdecken. Schnee soll möglichst unverdichtet bleiben, dann ist er ein hervorragender Kälteschutz.

## Arbeitsverfahren

• Das *Umgraben* stellt einen starken Eingriff in das Bodengefüge dar, der aber zur Lockerung schwerer Böden und zur Vorbereitung von Pflanzbeeten seine Berechtigung hat. Beim Umgraben wird folgendermaßen vorgegangen: Am höchsten Punkt beginnend wird eine ca. 20 cm breite und 25 cm tiefe Furche entlang der Grenze der zu grabenden Fläche ausgehoben. Der Aushub wird (mit der Karre) auf das gegenüber liegende Ende der Fläche gebracht. Nun beginnt man an einer Seite der Furche die nächste Reihe zu graben. Die Reihenstärke soll ca. 10 cm betragen; bei dieser Stärke erreicht man auf lange Sicht die größte Leistung bei geringster Anstrengung. Spatenstich für Spatenstich wird angehoben und aus ca. 20 cm Höhe so an die entfernter Wand des Grabens fallen gelassen, daß die Oberfläche nach unten zu liegen kommt. Dabei wird das Wildkraut mitsamt Wurzel ausgelesen. Es kommt nach kurzer Anwelkzeit auf den Kompost. So verfährt man rückwärts gehend Reihe für Reihe bis ans Ende der Fläche. Die letzte Furche wird mit dem Aushub der ersten ausgefüllt. Soll beim Umgraben Kompost oder Mist eingearbeitet werden, wird dieser nach Fertigstellung jeder Reihe dünn auf die entfernter Wandung der Furche ausgebracht. Auf keinen Fall auf den Grund der Furche. Zum Graben gehört immer (mit Ausnahme des Wintergrabens bei schwerem Boden) anschließendes Krümeln der Oberfläche mit Grubber oder Harke.

• *Lockern mit dem Grubber:* Grubbern ist die universell einzusetzende Art der Lockerung, wenn möglich, sollte Grubbern anderen Methoden vorgezogen werden, da hierbei die natürliche Schichtung des Bodens erhalten bleibt.

Zweckmäßig ist es, den Grubber mit den Oberseiten der Zinken parallel zur Erdoberfläche einzusetzen, da so die aufzuwendende Kraft am geringsten ist. Der Grubber wird rückwärts gehend parallel durch den Boden gezogen. Bei

Arbeitsschritte 1–4 beim Holländern ▶
(nach 4 zurück zu 3 usw.)

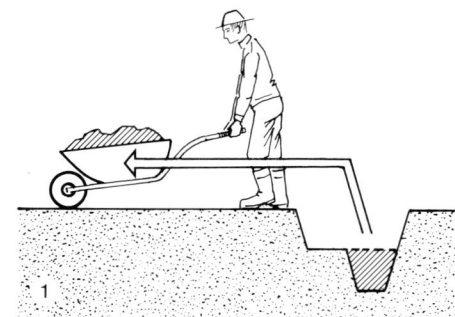

mehrmaligem Grubbern empfiehlt es sich, die Arbeitsrichtung nach jedem Übergang um 90° zu drehen. Begonnen wird wie beim Umgraben am höchsten Punkt des Geländes.

• *Holländern:* Beim Holländern wird der Boden 50 cm tief gelockert, das Bodenleben also ganz empfindlich gestört; es ist deshalb mit äußerster Vorsicht einzusetzen.

Verfahren wird folgendermaßen: Am höchsten Punkt des Geländes beginnend wird eine Furche von 25 cm Tiefe und 50 cm Breite ausgehoben. Der Aushub wird an das gegenüberliegende Ende der Fläche gebracht. Danach wird am Ende der Furche eine zweite Furche von 25 cm Tiefe (Endtiefe jetzt 50 cm) und 25 cm Breite gegraben. Auch dieser Aushub wird an das gegenüberliegende Ende der Fläche transportiert, darf jedoch nicht mit dem Boden der oberen Schicht gemischt werden. Nun wird in der Furche entlang der Unterboden Stich für Stich wie beim Umgraben an die entferntere Wandung der Furche fallengelassen. Ist dies geschehen, wird in der selben Reihe der Oberboden wie beim Umgraben auf den eben aufgebrachten Unterboden fallengelassen. So verfährt man Reihe für Reihe, indem man im Wechsel den Unterboden umgräbt und dann den Oberboden auf den Unterboden bringt bis die Fläche gegraben ist. Die letzte Furche wird mit dem anfangs verbrachten Boden gefüllt, aber auch hier darauf achten, daß der Unterboden wieder nach unten gebracht wird, der Oberboden wieder nach oben. Auch beim Holländern wird die Oberfläche anschließend gekrümelt. Es wird kein Mist oder Kompost eingebracht, da organisches Material in Tiefen unter 25 cm nicht genügend Luft zum Verrotten findet, Fäulnis wäre unausweichlich die Folge.

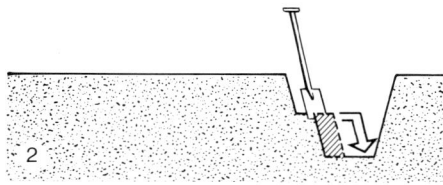

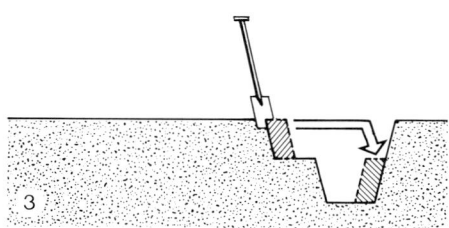

• *Beseitigung tiefliegender Sperrschichten:* Sollte sich herausstellen, daß trotz Holländern der Boden immer noch staunaß ist, kann der Grund hierfür in einer wasserundurchlässigen Schicht liegen, die tiefer als 50 cm liegt. Diese ganz zu beseitigen, wäre zu aufwendig, deshalb behilft man sich damit, sie zu durchstoßen. Dazu werden sogenannte Sickerschächte ein-

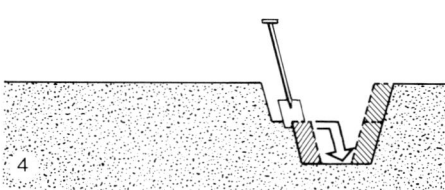

gebaut, und zwar folgendermaßen: Im Bereich der Staunässe wird ein rechteckiges Loch von mindestens 1 m mal 1 m, oder ein rundes Loch von mindestens 1,25 m Durchmesser, gegraben, und zwar so tief, bis man auf eine sicher wasserführende Schicht stößt; dies kann bereits bei 80 cm der Fall sein, eventuell aber auch erst in einigen Metern Tiefe. Ist diese Schicht erreicht, wird der Schacht mit grobem Kies (Körnung 8–64 mm Durchmesser) aufgefüllt, und zwar bis 30 cm unter die Oberfläche. Der Kies wird mit einem verrottungsfesten Gewebe abgedeckt, um Bodeneinschlämmungen zu verhindern. Darauf wird normaler Oberboden aufgebracht. Der Wirkungsbereich des Sikkerschachts hängt von seiner Oberflächengröße ab, als Faustregel gilt jedoch: ein Schacht für 100 m$^2$ Gartenfläche. Es müssen also eventuell mehrere Schächte gebaut werden. Diese Arbeit lohnt sich aber auf jeden Fall.

# Bodenverbesserung

Leider sind die Gartenböden selten in einem zufriedenstellenden Zustand. Durch sinnvolle Bodenbehandlung kann dem zwar langsam abgeholfen werden, auf extrem leichten oder schweren Böden treten jedoch Eigenschaften zutage, die es nötig machen, den Boden sofort zu verändern, um mit der nachfolgenden Bodenpflege eine dauerhafte Steigerung seiner Qualität zu gewährleisten. Die hierbei angewandten Methoden sind etwas arbeitsaufwendig, sichern auf der anderen Seite aber den gärtnerischen Erfolg und entschädigen so für die Mühe mehrfach.

▶ *Verbesserung sehr leichter Böden:* Sandige Böden und fast reine Sandböden zeichnen sich durch einen großen Anteil an Grobporen (siehe Kap. Poren, Krümel, Kolloide) aus, können also kaum Wasser speichern. Die Nährstoffe, einschließlich Kalk, werden schnell ausgewaschen, was zu einem niedrigen pH-Wert führt. Es müssen demnach die Wasserhaltefähigkeit, der pH-Wert sowie der Anteil an Humus gleichzeitig verbessert werden. Am einfachsten ist dies durch Einarbeiten großer Mengen guten Kompostes zu erreichen, mit anschließendem Aufbringen einer Mulchschicht. Die be-

nötigte Menge Kompost steht in den allermeisten Fällen nicht zur Verfügung, so daß mit Bodenhilfsstoffen in Kombination gearbeitet werden muß. Zur Steigerung des Wasserhaltevermögens werden größere Mengen (500 bis 600 g/m$^2$) Gesteinsmehl oder Tonminerale ausgebracht. Der Humusanteil wird durch Handelsprodukte wie Wurmhumus, Rindenhumus, Mistprodukte etc. erhöht, gleichzeitig wird der Boden bis zu einem pH-Wert von ca. 6 aufgekalkt. Wird die Fläche anschließend gemulcht und in den Folgejahren sinnvoll gepflegt, entsteht eine Bodengare, die dem Gartenbesitzer viel Freude bereitet.

▶ *Verbesserung sehr schwerer Böden:* Ton und lehmiger Ton haben einen sehr hohen Wasseranteil und kaum Bodenluft. Im Boden befindlicher Humus beginnt aufgrund des Luftmangels schnell zu faulen. Nährstoffe werden vom Boden so stark festgehalten, daß es z. B. trotz hohen Kaligehaltes im Boden zu Mangel in der Pflanze kommen kann. Hier gilt es, den Boden zu belüften, um das Bodenleben zu fördern und diesem dann durch ausreichende Ernährung mit Humus eine dauerhafte Verbesserung der Struktur zu ermöglichen. Die Steigerung der Durchlüftung kann durch Einarbeiten von grobem, hohlraumreichem Material erreicht werden. Der Hohlraumreichtum soll möglichst lange erhalten bleiben. Demzufolge eignen sich mineralische Bodenhilfsstoffe besser als organische. Verwendbar sind Blähton bzw. Blähschiefer, die relativ teuer sind. Billig und zweckmäßig sind Sand und Kies (bis zu einer Körnung von 8 mm), die je nach gewünschtem Lockerungsgrad 2–5 cm stark aufgebracht und bis ca. 20 cm tief eingearbeitet werden. Der Humusgehalt wird wie üblich durch Kompost, Wurmhumus, Mist oder Rindenprodukte erhöht. Nach dieser Behandlung sorgt das Bodenleben im Laufe der Zeit für ausreichende Bodengare, andernfalls kann die Sandgabe beliebig oft wiederholt werden.

▶ *Synthetische Bodenhilfsstoffe:* Es gibt Fälle, in denen die Zeit oder die Geduld nicht ausreicht, auf natürlichem Weg die Bodeneigenschaften zu verbessern, eine Beeinflussung des Luft- und Wasserhaushalts aber dringend nötig ist. In solchen Situationen kann auf synthetische Bodenhilfsstoffe zurückgegriffen werden.

Diese Stoffe bieten sich auch als unterstützende Maßnahme für natürliche Methoden an.

Sollen schwere oder schwerste Böden aufgebessert werden, ist dies durch Humusgaben und Bodenlockerung allein sehr langwierig, da dem Bodenleben häufig der Sauerstoff fehlt. Der Humus wird demzufolge nur sehr langsam abgebaut oder fault gar. Hier kann Styromull helfen. Dieser Schaumkunststoff, der dem Styropor ähnlich ist, verbessert den Lufthaushalt des Bodens, seine Poren sind so groß, daß nur Luft gespeichert wird (siehe Grobporen, Kap. Poren, Krümel, Kolloide). Diese Bodenluft dient dem Bodenleben, das nun seinerseits durch die Bildung von Krümeln für Sauerstoff im Boden sorgt.

Das Gegenteil ist auf leichten Böden der Fall, die zwar genug Luft, aber viel zu wenig Wasser enthalten. Humus bringt zwar Besserung, wird jedoch sehr schnell abgebaut. Hier findet Hygromull sein Einsatzgebiet. Hygromull, ebenfalls ein Schaumkunststoff, besitzt sehr kleine Poren (siehe Mittel- und Feinporen, Kap. Poren, Krümel, Kolloide), in denen Wasser gespeichert wird.

Auf mittelschweren Böden kann als Sofortmaßnahme Hygropor eingearbeitet werden. Hierbei handelt es sich um eine Mischung aus Styromull und Hygromull, was sowohl dem Wasser- als auch dem Lufthaushalt zugute kommt.

Alle drei Produkte werden ca. 1–2 cm hoch auf dem Boden verteilt und dann untergegraben. Die Arbeitstiefe sollte ca. 25 cm betragen. Styromull und Hygromull werden im Boden innerhalb von 2–5 Jahren abgebaut, sie dienen dabei dem Edaphon (Bodenflora + Bodenfauna) als Nahrung.

Eine ähnliche Wirkung wie Hygropor hat Steinwolle, die aus Basaltgesteinen hergestellt wird und in geflockter Form im Handel ist. Steinwolle verbessert ebenfalls sowohl den Luft- als auch den Wasserhaushalt, kann also auf allen Böden zum Einsatz kommen. Die Anwendung erfolgt wie bei Hygropor.

Dauerhaft verbessert wird der Lufthaushalt durch das Einbringen von Blähton- oder Blähschieferprodukten (bekannt als »Substrat« bei der Hydrokultur). Diese Kugeln werden aus Ton oder Schiefer bei sehr hohen Temperaturen gebrannt. Im Freiland sollte nur die Körnung 2–4 mm Verwendung finden. Die benötigte Menge richtet sich nach dem gewünschten Grad der Durchlüftungssteigerung. In den allermeisten Fällen reicht einmaliges Ausbringen eines dieser Stoffe, da durch ihre sofortige Wirkung, insbesondere bei gleichzeitiger Verbesserung des Bodens mit Humus, die Bodenlebewesen stark gefördert werden. Während der Abbauzeit entsteht eine stabile Krümelstruktur, die neuerliche Anwendungen überflüssig macht.

# Die Rolle des Kalks im Garten

Kalk ist eine Calcium-Verbindung und gehört, wie schon erwähnt, zu den Hauptnährelementen, ist also für die Ernährung von Pflanzen unabdingbar. Kalk wird in der Pflanze in allen teilungsfähigen Geweben, besonders aber in den Knospen benötigt; fehlt er, so kommt es zum Absterben der Triebspitzen, bis hin zum Abknicken ganzer Zweige (Blütenendfäule bei Tomaten). Weiterhin treten Blattvergilbungen (Chlorosen) auf. Betroffen hiervon sind zuerst die jüngeren Blätter, da Calcium in der Pflanze nicht gut beweglich ist. Darüber hinaus sind geringes Wurzelwachstum und weniger Faserwurzelbildung Auswirkungen des Kalkmangels auf die Pflanze. Dies allein macht aber noch nicht die Bedeutung des Kalkes aus. Kalk bestimmt zum großen Teil die Bildung der Bodenstruktur. Zum besseren Verständnis muß an dieser Stelle jedoch etwas weiter ausgeholt werden. In diesem Buch ist oft die Rede von der Bodenstruktur (siehe Kap. Poren, Krümel, Kolloide), der Größe der Bodenbestandteile, dem Luft- bzw. Wasserhaushalt usw. (siehe in Kap. 2 den Abschnitt Zusammensetzung der Böden). Dies alles sind physikalische Eigenschaften des Bodens, es gibt jedoch auch eine wesentliche chemische Eigenschaft, den pH-Wert. Dieser gibt (vereinfacht ausgedrückt) an, wie viele Wasserstoffionen, $H^+$, frei im Bodenwasser sind. Je niedriger der pH-Wert, um so mehr $H^+$ sind vorhanden. Diese Wasserstoffionen sind es, die bestimmend dafür sind,

**Übersicht 5:** Gebräuchliche Kalkdünger und ihre Anwendung

| Bezeichnung und Zusammensetzung | geeignet für | Bemerkungen |
|---|---|---|
| kohlensaurer Kalk + Magnesium 80/90% $CaCO_3$ + 5/10% $MgCO_3$ | leichte bis mittlere Böden oder bei Mg-Mangel | milde Wirkung, lange anhaltend |
| Kalkmergel (kohlensaurer Kalk) 80/90% $CaCO_3$ | leichte bis mittlere Böden | wie oben ältester bekannter Dünger |
| Algenkalk 70/80% $CaCO_3$ | leichte bis mittlere Böden | wie oben, fein vermahlen |
| Branntkalk 85/90% CaO od. gekörnt | mittlere bis schwere Böden | schnell wirkend ätzend mit $H_2O$! wie oben |
| Hüttenkalk 40/50% CaO ca. 2/3% Mangan | leichte Böden | langsam wirkend |
| Löschkalk ca. 80% $Ca(OH)_2$ | mittlere bis schwere Böden | schnell und schonend wirkend |

ob der Boden sauer (pH-Wert unter 7), neutral (pH-Wert = 7) oder alkalisch bzw. basisch (pH-Wert über 7) ist. Man spricht von der Bodenreaktion. Diese Bodenreaktion spielt eine wichtige Rolle:
• bestimmte Pflanzen nur bei bestimmten pH-Werten leben können (z. B. Rhododendron, pH-Wert unter 5),
• die Nährstoffe im Boden nur bei bestimmten pH-Werten verfügbar, also im Boden beweglich sind (z. B. Molybdän nicht bei sehr saurer Bodenreaktion),
• das Bodenleben, je nach Art, einen bestimmten pH-Wert zum Leben braucht,
• das Auftreten von Schadstoffen vom pH-Wert abhängig ist,
• die Bodenstruktur durch den pH-Wert beeinflußt wird,
• die Geschwindigkeit der chemischen Verwitterung des Gesteins stark pH-abhängig ist.
Der pH-Wert ist also eine äußerst wichtige Kenngröße des Bodens. Seiner Steuerung gilt besonderes Augenmerk. Wie aber kann die Bodenreaktion beeinflußt werden? Soll der pH-Wert gesenkt werden, das »Dank« des sauren Regens äußerst selten nötig ist, empfiehlt sich die Verwendung von versauernden Düngern, hier kann ausnahmsweise die Verwendung von Mineraldüngern nützlich sein. Soll der pH-Wert gehoben werden, was die Regel sein dürfte, kann dies mit basisch wirkenden Mineraldüngern geschehen oder durch den Einsatz von Kalk. Calcium reagiert im Boden (vereinfacht gesagt) mit der Bodensäure und bindet diese. Soll nun der pH-Wert mit Hilfe des Kalkes gesteuert werden, stellt sich die Frage, wie hoch der optimale pH-Wert des Bodens ist. Diese Frage läßt sich relativ einfach beantworten. Als Faustregel gilt: je leichter der Boden, desto niedriger der pH-Wert. In der Regel ist anzustreben:
— leichte Böden pH-Wert 5,6 bis 6,0
— mittlere Böden pH-Wert 6,0 bis 6,5
— schwere Böden pH-Wert 6,5 bis 7,0.
Beim Anbau von Gemüse soll der pH-Wert auf leichten und mittleren Böden um ca. pH 0,5 höher liegen.
Aus diesen Angaben läßt sich das nächste Problem ableiten: welcher Kalk wofür? Das Angebot ist reichhaltig. Es umfaßt u. a. Algenkalk,

Soll der pH-Wert um 1,0 gesteigert werden, benötigt man für 100 m²
- auf leichten Böden 30 kg Kohlensauren Kalk (CaCO₃),
- auf mittleren Böden 25 kg Branntkalk (CaO) und
- auf schweren Böden 30 kg Branntkalk (CaO).

Kohlensauren Kalk, Hüttenkalk, Branntkalk, Kalkmergel, Löschkalk. All diese lassen sich in zwei Gruppen einteilen,
- langsamwirkende Kalke und
- schnellwirkende Kalke.
- Langsamwirkend sind alle kohlensauren Kalk ($CaCO_3$ = Calciumcarbonat) enthaltenden Dünger. $CaCO_3$ ist nur schwer wasserlöslich und muß im Boden umgewandelt werden, da dieses nur nach und nach geschieht eignet sich diese Kalkform besonders für leichte bis mittlere Böden (bis sandiger Lehm). Diese Böden enthalten wenig Kleinstteile (Kolloide), die Nährstoffe festhalten können ( = geringe Nährstoffpufferung), bei schneller Wirkung des Kalks wäre dieser auch schnell ausgewaschen. Genau das Gegenteil ist bei schweren Böden der Fall; sie enthalten viele Kolloide, die langsamwirkenden Kalk vollständig festhalten würden. Hier muß also auf schnellwirkende zurückgegriffen werden. Dies sind alle Kalke, die Branntkalk ($CaO$ = Calciumoxid) oder Löschkalk ($Ca(OH)_2$ = Calciumhydroxid) enthalten, wobei Branntkalk etwas schneller wirkt als Löschkalk. In vielen mineralischen Düngern ist Kalk als Beimischung enthalten, diese haben jedoch keine große Auswirkung auf den pH-Wert, da hier oft nur die versauernde Wirkung der anderen Nährstoffverbindungen kompensiert wird.

Wenn der pH-Wert den Gegebenheiten angepaßt ist, gilt es, diesen Zustand zu erhalten. Pflanzen entziehen dem Boden Calcium, auch Auswaschungen können nie vollständig ausgeschlossen werden, daher sind regelmäßig Ergänzungen des Calcium-Vorrates im Boden notwendig. Hierzu könnte verfahren werden, wie eben beschrieben, es

wäre jedoch zu umständlich, deshalb wird dem Boden alle 3 Jahre eine sogenannte Erhaltungskalkung verabreicht. Die Menge richtet sich nach dem Kalkentzug der Pflanzendecke (Gemüse viel, Koniferen relativ wenig) und nach der Bodenart. Als Mittelwert für die Erhaltungskalkung kann auf leichten Böden ca. 200 g/m² als $CaCO_3$ dienen und auf mittleren bis schweren Böden ca. 100 bis 200 g/m² als $CaO$.

Der richtige pH-Wert fördert wie bereits eingangs gesagt, das Bodenleben, ja manche Bodenbakterien können ohne Calcium nicht existieren. Das Bodenleben verbaut die Bodenteilchen mit dem Humus zu Bodenkrümeln (siehe auch Kap. Poren, Krümel, Kolloide und Kap. Bodenfauna und Bodenflora). Diese Krümel können jedoch erst die optimale Form annehmen, wenn außer dem Lebendverbau durch das Bodenleben auch das 2-fach positiv geladene Calciumion ($Ca^{2+}$) vorhanden ist, um elektrische Verbindungen zwischen den Kolloiden zu schaffen ($Ca^{2+}$ bewirkt als »Brücke« den Ladungsausgleich zwischen den negativ geladenen Kolloiden). Kalk ist also sowohl über die Regulierung des pH-Wertes, als auch direkt mitbestimmend für die Struktur unseres Bodens, eine Tatsache, die ihm eine besondere Rolle im Garten zukommen läßt.
Zum Abschluß zwei Praxistips:
- Kalk sollte nicht im Herbst ausgebracht werden, da sonst im zeitigen Frühjahr Auswaschung droht.
- Kalk muß immer eingearbeitet werden, da er andernfalls auf der Oberfläche eine Kruste bildet. Er darf jedoch nicht zu tief eingebracht werden, da rasche pH-Wert-Änderung die Wurzeln schädigen kann und der nächste Regen ihn sonst aus der Wurzelzone wäscht. Leichtes Einarbeiten mit dem (kleinen) Gruber gilt als ideal.
Bei der Umrechnung oder Kombination von zwei Kalkarten gilt die Formel:
100 g CaO
= 200 g Kohlensaurer Kalk (90% $CaCO_3$) bzw.
= 120 g Branntkalk (80 bis 90% CaO) bzw.
= 160 g Mischkalk (60 bis 65% CaO).

# Hilfe bei Bodenmüdigkeit

Mitunter passiert folgendes: Ein Apfelbaum soll gepflanzt werden, das Pflanzbeet ist optimal vorbereitet, der Boden von guter Struktur, ausreichend mit Humus versorgt, ein guter Luft- und Wasserhaushalt liegen vor. Kurzum, alles bestens. In den folgenden Jahren stellt sich heraus, daß der Apfelbaum zwar angewachsen ist, jedoch nur extrem wenig Zuwachs zeigt, von Blüten- oder Fruchtansatz gar nicht zu reden. Der Hobbygärtner ist ratlos. Grund für dieses Verhalten des Baumes kann Bodenmüdigkeit sein. Bodenmüdigkeitserscheinungen treten auf, wenn Pflanzen derselben Art oder Familie (im Fall des Apfelbaumes aus der Familie der Rosengewächse; dazu gehören u. a.: Rosen, Obstbäume, Beerensträucher außer Stachel- und Johannisbeere, Erdbeeren, Fingerkraut, Eberesche, Frauenmantel, Vogelkirsche, Kirschlorbeer, Zierquitte, -pflaume, -kirsche und -apfel, Schlehe, Weiß- und Rotdorn, Cotoneaster, Feuerdorn, Spierstrauch und Geißbart) auf derselben Stelle nachgebaut werden. Auf dieser Fläche finden sich im Boden nämlich verstärkt von der Pflanze ausgeschiedene Stoffwechselprodukte. Weiterhin kommt es zum einseitigen Entzug von Nährstoffen, und es entstehen aus den bei der Rodung im Boden verbliebenen Wurzelresten im Verlauf ihres Abbaues teilweise toxische Abbauprodukte. Manchmal spielt auch die starke Vermehrung von Schädlingen, z. B. von Fadenwürmern (Nematoden), eine Rolle.

Der Grund für dieses merkwürdige Verhalten ist von der Wissenschaft noch nicht ausreichend geklärt, obwohl der Effekt schon sehr lange bekannt ist. So weiß jede Hausfrau, Erdbeeren dürfen nicht da gepflanzt werden, wo vorher schon Erdbeeren gestanden haben. Der aufmerksame Gartenliebhaber wird sicher schon gemerkt haben, daß Obstbäume in der Baumschule jährlich an einer anderen Stelle aufgeschult werden. Aus diesem Erfahrungsschatz läßt sich gleich das beste Mittel zur Vermeidung von Schäden durch Bodenmüdigkeit ableiten. Dort, wo Rosengewächse gestanden haben, dürfen viele Jahre lang keine mehr gepflanzt werden. Das läßt sich bei Erdbeeren und Obstbäumen relativ gut bewerkstelligen.

Schwierigkeiten treten jedoch, besonders in kleinen Gärten, beim Rosenbeet, der Beerenhecke oder in der Zierstrauchabpflanzung auf. Wenn hier eine Erneuerung ins Haus steht, müßte das gesamte Gartenkonzept geändert werden. Die Wartezeit läßt sich jedoch auf etwa 3 Jahre verkürzen, wenn auf der betreffenden Fläche während der Vegetationsperiode Studentenblume *(Tagetes patula)* wächst und über den Winter Gründüngung den Boden bedeckt. Ist selbst diese Zeit noch zu lang, bleibt nur ein vollständiger Bodenaustausch. Hierbei wird auf der ganzen Fläche der Boden mindestens 50 cm tief ausgehoben — dabei Ober- und Unterboden nicht mischen — und gegen Boden von einer anderen Fläche des Gartens ausgetauscht. Ein schweißtreibendes Unterfangen, auf daß nur im Notfall zurückgegriffen werden darf, da hierbei das Bodengefüge großer Flächen total zerstört wird. Um Probleme mit Bodenmüdigkeit möglichst gar nicht erst auftreten zu lassen, empfiehlt es sich, schon bei der Planung Tauschmöglichkeiten der Flächennutzung in die Überlegungen einzubeziehen, z. B. Rosenbeet mit Staudenbeet, Kulturwechsel im Gemüsebeet etc.

# Torf im Garten

In einem im Jahre 1952 erschienenen praktischen Gartenratgeber findet sich gleich zu Anfang ein Kapitel: Torfmull, Segen der Gärten. Im besagten Kapitel empfiehlt der Autor die Verwendung von Torf u. a. bei Rasenanlagen, im Pflanzbeet, im Gemüsebeet und als Kompostmaterial. Selbst vor dem Tip, sich ein »Torfklosett« im Garten anzulegen, wird nicht zurückgeschreckt. Alle diese Empfehlungen sind der bare Unsinn (das Torfklosett vielleicht einmal ausgenommen, das entzieht sich jedoch meiner Kenntnis). Aber angesichts solcher Tips, die sich auch in wesentlich jüngeren Gartenbüchern finden, kann es nicht verwundern, daß Torf unsinnigerweise immer noch Verwendung findet. Auch von der Gärtnerzunft, die es zweifelsohne besser weiß, ist Aufklärung nicht immer zu erwarten, da diese sich vielfach das lukrative Geschäft des Torfverkaufs nicht entgehen lassen will. Torf kann tatsächlich keine positiven Einflüsse auf den Boden ausüben, die nicht von anderen Bodenhilfsstoffen wesentlich besser ausgeübt werden. Bei Torfverwendung ergibt sich jedoch immer ein schwerwiegender Nachteil für den Boden. Torf hat einen pH-Wert von ca. 4, ist also sehr sauer. Dadurch wird eine Versauerung des Bodens gefördert, die zwangsläufig zur Verschlechterung der Struktur, der Festlegung von Nährstoffen und zu direkten Pflanzenschäden führt (der vielbeklagte saure Regen versauert den Boden weit weniger als Torf). All diese Nachteile sind selbst durch Kalk nur unvollkommen wieder zu beseitigen. Wenn man sich darüber hinaus vor Augen hält, daß durch den Torfabbau einzigartige Lebensräume zerstört werden, fällt es leicht, auf Torf zu verzichten, zumal von einem Verzicht im eigentlichen Sinne nicht gesprochen werden kann. Die Rolle des Torfs im Garten ist nicht (wie die Frage: Umgraben ja oder nein) umstritten.

Alle Fachleute sind sich einig, daß (außer beim Anbau von Moorbeetpflanzen) der Satz

— *Torf gehört ins Moor, aber nicht in den Garten* — Gültigkeit hat.

# Schadstoffe im Boden — Schnelltest

Wenn es im Garten stellenweise zu Wachstumsstockungen kommt, die nicht auf Düngemangel oder falsche Behandlung zurückgeführt werden können, ist oftmals Verschmutzung des Bodens mit Schadstoffen (Öl, Benzin u. ä.) oder Anreicherung von Giften im Boden die Ursache. Den wahren Grund für die Wuchsschwäche herauszufinden, ist nur mit wissenschaftlichen Laboruntersuchungen möglich. Das lohnt in den allermeisten Fällen im Hausgarten nicht, es gibt jedoch eine relativ zuverlässige Methode herauszufinden, ob der Boden überhaupt die Wurzel des Übels ist, nämlich den sogenannten Kressetest. Dieser Test kann ebenfalls angewendet werden, wenn nach einer Bodenbehandlung mit chemischen Wildkrautgiften festgestellt werden soll, ob die Fläche wieder als Saatbeet genutzt werden kann. Dabei verfährt man wie folgt: Benötigt werden zwei Deckelgläser (Marmelade etc.), Bindfäden, Kressesamen und Watte. Ein Stück des zu untersuchenden Bodens wird in eines der Gläser getan und mit einem Stab oder dergleichen gut gelockert. Der Boden sollte dabei normal feucht sein. Dann werden zwei Wattebälle geformt und mit Bindfäden umwickelt, so daß es möglich ist, diese in das Glas zu hängen und mit dem Deckel den Bindfaden zu halten. Die so vorbereiteten Wattebälle werden in Wasser getaucht, bis sie gut durchfeuchtet sind, danach werden sie im Kressesamen gedreht (ähnlich wie beim Panieren von Schnitzeln), bis beiden ungefähr gleich viele Samen anhaften. Dann wird je ein Kresseball vorsichtig in jeweils ein Glas getan. Sie werden so am Bindfaden mit dem Deckel festgeklemmt, daß sie den zu untersuchenden Boden bzw. den Boden des leeren Glases nicht berühren. Die verschlossenen Gläser werden an einem hellen Platz aufgestellt. Nach ca. 3 bis 5 Tagen betrachtet man die aufgelaufene Kresse. Sie sollte in dem Glas mit Boden genauso gut gekeimt sein, wie in dem leeren Glas. Anzahl, Länge und Farbe der Keimlinge sollten annähend gleich sein, dann ist der Boden »sauber«. Ist ein schlechteres Keimen in dem gefüllten Glas festzustellen, hat sich der Verdacht bestätigt, daß irgendwelche Schadstoffe im Boden sind. Selbstverständlich lassen sich nicht alle Schadstoffe so nachweisen, aber die im Garten am häufigsten vorkommenden spürt der Kressetest zuverlässig auf.

# Bodenbewegungen bei Errichtung von Bauwerken

Alle bisher gegebenen Hinweise für richtige Bodenbehandlung bezogen sich auf am Ort befindlichen Boden. Baumaßnahmen jeder Art (Terrassen, Teichbau etc.) im Garten, Geländemodellierungen und anderes mehr bringen es mit sich, mehr oder weniger große Mengen Boden zu bewegen, zu lagern und an anderer Stelle wieder einzubauen. Dabei kann der Boden schwer beschädigt, ja sogar für Jahre unbrauchbar gemacht werden, wenn gewisse Grundregeln nicht beachtet werden. Der

Mehraufwand an Bodenpflege, der anschließend nötig wird, steht in keinem Verhältnis zu dem scheinbaren Zuviel an Arbeit bei sachgemäßer Bodenbewegung. Bodenbewegung besteht in der Regel aus drei verschiedenen Arbeitsschritten, nämlich Bodenabbau, Zwischenlagerung und Bodeneinbau, wobei der zweite Schritt bei guter Planung eventuell entfallen kann.

▶ **Bodenabbau:** Begonnen wird der Bodenabbau mit dem Entfernen aller die Arbeit behindernden Gegenstände, darunter fällt auch alter Pflanzenbestand. Sollen Pflanzen wiederverwendet werden, werden diese an geeigneter Stelle eingeschlagen. Muß alte Grasnarbe entfernt werden, wird diese in Stücken von ca. 25 mal 25 cm abgestochen. Die Stärke der Soden sollte ca. 5 bis 7 cm betragen. Die Soden können als Kompostmiete aufgesetzt werden, oder, sofern sie später wiederverwendet werden sollen, an geeigneter Stelle nebeneinandergelegt und schichtweise aufgestapelt werden. Zwischen die Schichten werden Reisig oder dünne Holzlatten gelegt, der gesamte Stapel durch Abdecken (Mulch, Strohmatten etc.) vor dem Austrocknen geschützt und bei Trockenheit gewässert. Danach kann mit dem eigentlichen Abbau begonnen werden. Das hierbei zwingend notwendige Verfahren ist der sogenannte Lagenabbau. Dabei werden Bodenschichten flächig, also in Lagen, entfernt, und so Schritt für Schritt die erforderliche Tiefe erreicht. Geeignete Geräte hierfür sind Spaten oder bei lockerem Boden die Schaufel. Mit dem Abbau wird am tiefsten Punkt des Geländes begonnen. Abgebaut werden sollte bei mittlerer Bodenfeuchte. Während des Abbaus sollten die Wurzeln der Beikräuter entfernt werden.

▶ **Zwischenlagerung:** Der Platz für eine Zwischenlagerung sollte möglichst eben sein, sowie über direkten Bodenanschluß verfügen, also keine Pflasterfläche oder Rasenfläche sein. Ferner darf er nicht im Wurzelbereich von Bäumen oder Sträuchern liegen, da diese gegenüber Anschüttungen meist sehr empfindlich reagieren. Daß sich in der Nähe keine gefährlichen Stoffe (Benzin, Pflanzenschutzmittel) befinden dürfen, versteht sich von selbst. Auf diesem Platz wird der Boden in Mieten aufgeschüttet. Dies geschieht natürlich getrennt nach Bodenschichten. Der humose Oberboden (früher Mutterboden genannt) bekommt eine eigene Miete, wie auch der Unterboden. Enthaltene Steine sollten im Boden verbleiben, solange gelagert wird. Bei Bedarf können sie während des Einbaus entfernt werden. Der Form der Miete kommt eine wichtige Bedeutung zu, sie sollte am Fuß nicht breiter als 2,5 m und nicht höher als 1,5 m sein. Die Länge spielt keine Rolle. Die Miete sollte nach oben spitz zulaufen, um Regenwasser abzuleiten. Wenn der Boden optimal geschützt werden soll, wird jeweils nach 30 bis 40 cm Schütthöhe ein Drainagerohr eingebaut. Beim Aufbau der Miete muß darauf geachtet werden, daß unnötige Bodenverdichtungen vermieden werden, der Boden soll also locker mit der Schaufel aufgeschichtet oder vorsichtig mit der Schubkarre aufgebracht werden. Ist die Miete aufgebaut, gilt es, sie vor Schäden zu bewahren, die als Vernässung, Verkrautung, Austrocknung oder Verdichtung auftreten können. Gegen die Vernässung helfen die spitze Mietenform sowie der direkte Bodenanschluß. Gegen Austrocknung und Verkrautung wird gemulcht bzw. Zwischenbegrünt mit Gründüngungspflanzen (Zwischenbegrünung auf jeden Fall bei Lagerzeiten über 8 Wochen). Verdichtungen lassen sich nie ganz vermeiden. In Grenzen halten kann man sie jedoch durch Mulchen (Regenverdichtung entfällt) und durch Unterlassen jeden Drucks auf die Miete, also nicht begehen etc.. In derartigen Mieten kann Boden ohne größere Schäden bis zu 12 Monaten lagern.

▶ **Bodeneinbau:** Beim Bodeneinbau wird genau entgegengesetzt dem Abbau verfahren, also zunächst in Lagen der Unterboden aufgebracht. Dabei sind zwei Punkte zu beachten, zum ersten darf der Unterboden selbstverständlich nicht vorhandenen Oberboden begraben. Wenn Oberboden die Grundlage des neuen Aufbaus stellt, ist dieser zu entfernen und anschließend zusammen mit dem anderen Oberboden über dem Unterboden einzubauen. Zum zweiten: bisher wurde peinlichst darauf geachtet, Verdichtungen zu vermeiden. Durch die Lockerung beim Abbau sowie der Lockerung während des Einbaus tritt eine ca. 30%-ige Volumenvergrößerung auf, diese setzt sich unter natürlichen Bedingungen innerhalb von ca. 5 Jahren. Im Garten ist es natürlich nicht zweckmäßig, eine Fläche zu schaffen, die sich 5 Jahre lang setzt, woraus sich die Notwendigkeit einer Verdichtung ergibt. Diese wird erreicht durch den Einbau etwas feuchteren Bodens (nasser Boden fällt dichter als trockener) in dünnen Lagen von ca. 15 cm Stärke. Diese Lagen werden sofort nach dem Einbringen mit einer kleinen Walze oder Stampfern, notfalls mit den Füßen, verdichtet. Je dünner die eingebauten Lagen, desto größer die Verdichtung. Ist der Unterboden eingebaut, wird die Fläche planiert und anschließend mit dem Grubber leicht angerauht. Daraus ergibt sich eine bessere Verzahnung des Oberbodens mit dem Unterboden. Der Oberboden wird dann in einer Schicht, die nicht stärker als 30 cm sein sollte, eingebaut. Der Oberboden soll nicht verdichtet werden, wird deshalb »rückwärts« eingebaut, d. h. der eingebaute Boden wird nicht betreten, die Arbeitsschritte finden auf dem Unterboden statt. Der Oberboden sollte, um natürliche Setzungen auszugleichen, etwas höher eingebaut werden, als die umliegenden Flächen. Oberboden sollte normalfeucht eingebaut werden und muß nach dem Einbau sofort ganzflächig bepflanzt oder bedeckt werden.

# Standortangepaßte Bodennutzung

Dieses Ziel widerspricht scheinbar der Absicht dieses Buches, nämlich den Boden in unserem Sinne zu verbessern. Hier soll es darum gehen, den vorhandenen Boden ohne große Veränderung zu nutzen, wie es ihm gerecht wird. Aber auch auf bearbeiteten Böden empfiehlt es sich, bei der Nutzung auf standortgerechte Pflanzengemeinschaften bzw. bodengerechte Nutzung zu achten. Kein Mitteleuropäer würde sich auf Dauer in der Sahara oder am Nordpol wohlfühlen, genauso geht es den Pflanzen am falschen Standort. Zur Bodenpflege gehört demnach auch die sinnvolle Verbindung von Pflanze und Boden.

▶ **Leichte Böden:** Auf leichten und leichtesten

Böden empfiehlt es sich auf Zierrasen ganz zu verzichten, an seine Stelle sollte hier die Blumenwiese treten. Diese liebt nährstoffarme Standorte und benötigt weniger Pflegeaufwand als Rasen. Ebenso ist es wenig sinnvoll bzw. mit viel Aufwand verbunden auf sandigen Standorten ein vollständiges Selbstversorgergemüsebeet anlegen zu wollen. Der Nutzgarten sollte hier den Schwerpunkt auf Beerensträuchern und stärkerwachsenden Obstbäumen haben. Im Ziergarten bietet sich jedoch eine Fülle von Möglichkeiten. Der Heidegarten mit seiner Blütenvielfalt gedeiht wunderbar. Im Staudenbereich liegen Themengärten wie Steingarten und Gräsergarten nahe. Sommerblumen sind ebenfalls ohne Schwierigkeiten einsetzbar. Bei den Gehölzen steht eine reiche Auswahl an Nadel- und Laubgehölzen zur Verfügung.

Pflanzenvorschläge:

• *Heidegarten:* Sommerheide, Winterheide, Lavendel, Oregano, Ginster, Kiefer, Wacholder, Buschklee, Lavendelheide, Feuerdorn, Buchsbaum, Stechpalme, Glockenheide, Cornwallheide, Berglorbeer, Torfmyrthe, Blaubeere, Preiselbeere, Thymian, etc.
• *Gräser:* Blaustrahlhafer, Moskitogras, Zittergras, Reitgras, Goldbart, Blaustrandhafer, Schwingel, Schillergras, Silberährengras, Chinaschilf, Schirmbambus, etc.
• *Stauden, allgemein:* Stachelnüßchen, Schafgarbe, Steinkraut, Mauerpfeffer, Blaukissen, Steinbrech, Katzenminze, Anemone, Färberkamille, Laugenblume, Steppenkerze, Zierdistel, Prachtscharte, Königskerze, Zypressenkraut, Wollziest, Ehrenpreis . . .
• *Gehölze:* Sanddorn, Feldahorn, Felsenbirne, Berberitze, Sommerflieder, Erbsenstrauch, Trompetenbaum, Judasbaum, Blasenstrauch, Quitten, Rotdorn, Waldrebe (Wildformen), Ölweide, Esche, Echter Jasmin, Goldregen, Liguster, Geißblatt, Bocksdorn, Schlehe, Blutpflaume, Faulbaum, Zierjohannisbeere, Ginkgobaum, Scheinakazie, Wildrosen, Eberesche, Tamariske, Wacholder, Fichte, Kiefer, etc.

▶ **Mittlere Böden:** Wer im Garten einen mittelschweren Boden vorfindet, kann sich glücklich schätzen, da hier fast jede Nutzung möglich und fast alle Pflanzen gedeihen können, sofern auf Lichtverhältnisse und Bodenfeuchte geachtet wird.

▶ **Schwere Böden:** Auf schweren Böden ist die standortgerechte Nutzung am schwierigsten zu verwirklichen. Wenn Versuche, einen Zierrasen anzulegen, gescheitert sind, bleibt als Alternative eigentlich nur die Feuchtwiese, die sehr ansprechend aussehen kann. Der Nutzgarten wird den Schwerpunkt beim Blattgemüse wie Salat, Kohl etc. haben, da Wurzelgemüse hier häufig nicht so gut gedeiht. Ebenso wird vielleicht auf Beerenobst verzichtet werden müssen, Obstbäume sollten auf schwachwüchsigeren Unterlagen stehen. Im Ziergartenbereich sieht die Situation nicht schlecht aus, ideal auf schweren Böden ist der Wasser(rand)garten mit Teichanlage und Sumpfbereichen. Da Stauden in allen Bereichen zuhause sind, bietet sich auch für schweren Boden eine reiche Auswahl. Auch bei den Gehölzen gibt es viel Einsetzbares.

Pflanzenvorschläge:

• *Wasserrand, Sumpf:* Kalmus, Froschlöffel, Andenpolster, Sumpfdotterblume, Zyperngras, Wollgras, Sumpfwolfsmilch, Sumpfschwertlilie, Felberich, Blutweiderich, Gauklerblume, Sumpfvergißmeinnicht, Perlfarn, Königsfarn, Zebrasimse, etc.

• *Stauden, allgemein:* Eisenhut, Frauenmantel, Geißbart, Schilfrohr, Sterndolde, Bergenie, Seggen, Schlangenkopf, Rasenschmiele, Goldschuppenfarn, Wasserdost, Mädesüß, Japanische Iris, Zwergbinse, Kreuzkraut, Pfennigkraut, Pfeifengras, Waldsauerklee, Rohrglanzgras, Jakobsleiter, Kugelprimel, Goldranunkel, Wiesenraute, Krötenlilie, etc.

• *Gehölze:* Bergahorn, Kastanie, Zierquitten, Hartriegel, Haselnuß, großblättrige Cotoneaster, Blauschotenbaum, Maiblumenstrauch, Prachtglocke, Pfaffenhütchen, Buche, Forsythie, Edelrose, Walnuß, Amberbaum, Tulpenbaum, Magnolie, Eisenholzbaum, Wilder Wein, Falscher Jasmin, Pappel, Zierkirsche, Weiden, Spierstrauch, Schneeball, Weigelie, Zeder, Scheinzypresse, Lärche, Mammutbaum, Eibe, Lebensbaum, Hemlocktanne, etc.

Die genannten Pflanzen stellen natürlich nur einen Teil der verwendbaren Arten dar, sie sollen lediglich eine Hilfe bzw. Anregung sein.

Bei der Verwendung ist selbstverständlich der Boden- und Lichtanspruch der Einzelpflanze zu beachten.

▶

Das Hügelbeet ist die konsequente Weiterentwicklung der Kompostmiete. Durch den Rotteprozeß im Inneren des Hügelbeetes werden den Pflanzen Nährstoffe und Wärme zur Verfügung gestellt

# 6
# Kompost

## Bedeutung der Kompostierung

Die zentrale Rolle bei der Versorgung des Bodens mit Humus und Bodenleben nimmt zweifelsohne der Kompost ein. Kompost, das »Gold des Gärtners«, wie er zu Recht genannt wird, kann von jedermann relativ einfach selbstgemacht werden, ist dabei (von Zuschlagstoffen abgesehen) kostenlos und verschafft Erfolgserlebnisse, alles gute Gründe, sich im folgenden näher mit ihm zu beschäftigen.

Das Leben auf unserer Erde beruht auf der Tatsache, daß Pflanzen aus anorganischen Stoffen organische Stoffe herstellen (siehe hierzu Kap. »Photosynthese«); dabei wird Sonnenenergie in Form von organischen Stoffen gespeichert, wobei die Effektivität bei 34% liegt, d. h. von 100 KJ (Kilo-Joule) Lichtenergie, die von den Blättern absorbiert werden, legt die Pflanze 34 KJ in organischer Substanz fest. Da jedoch nicht alle Energie, die von der Sonne eingestrahlt wird, auch von den Pflanzen absorbiert werden kann, liegt die tatsächlich in organische Substanz umgewandelte Lichtenergie sehr viel niedriger (global im Jahresdurchschnitt unter 1%, unter optimalen Bedingungen auf gartenbaulich oder landwirtschaftlich genutzten Flächen immer noch unter 10%). Diese Energie ist die Lebensgrundlage für tierisches Leben. Tiere verwenden diese Energie über den Weg der Oxidation (Atmung), um ihren Stoffwechsel aufrecht zu erhalten. Nach dem Tod von Pflanze oder Tier wird die organische Substanz in vielen Stufen wieder zu anorganischer Substanz umgewandelt (siehe hierzu in Kap. 2 den Abschnitt Zusammensetzung der Böden). Dies vor Augen wird klar, daß unsere Lebensgrundlage der Aufbau organischer Substanz durch die Pflanze ist. Es ist also von existenzieller Bedeutung, den Pflanzen optimale Bedingungen für ihre Aufbautätigkeit zu schaffen bzw. zu erhalten. Werden die im Garten-»Abfall« verbauten Stoffe dem Kreislauf entzogen, entfallen sie für die Produktion neuer pflanzlicher Substanz und somit der Sauerstofferzeugung, der Nahrungserzeugung und der Bereitstellung von Energie. Berechnungen haben ergeben, daß die vorhandene Biomasse nur noch 20 Jahre ein Leben ermöglichen würde, wenn die organische Substanz vollständig entzogen würde. Danach wären alle vorhandenen Ressourcen aufgebraucht. Es leuchtet deshalb ein, daß eine zwingende Notwendigkeit besteht, alle anfallenden organischen Substanzen dem Kreislauf zu erhalten, also zu kompostieren.

Betrachten wir nun ein weiteres entscheidendes Produkt der Kompostierung, den Kompost selbst. Er besteht bei sachgemäßer Kompostierung zum weitaus größten Teil aus Humus in seiner Idealform. Um zu ermessen, warum Humus wichtig ist, müssen wir uns das bereits früher über den Boden Gesagte noch einmal in Erinnerung rufen (siehe Abschnitt »Zusammensetzung der Böden« in Kapitel 2).

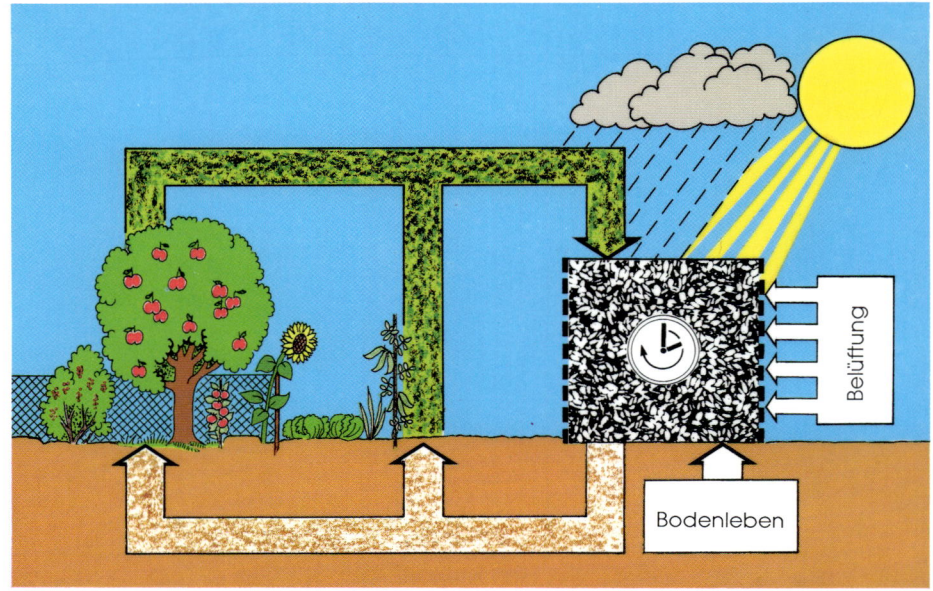

Die Wärme der Sonne, eine ausreichende Durchfeuchtung und Belüftung sowie das Bodenleben wirken an der Umsetzung der organischen Substanz im Gartenkompost mit. Nach einiger Zeit kehren die »Abfälle« als fruchtbare Komposterde auf die Anbauflächen zurück

Der Humusanteil an einem Gartenboden beträgt ca. 4%. Dieser vermeintlich kleine Anteil ist jedoch für die drei wesentlich größeren Anteile, nämlich Luft, Wasser und mineralische Bestandteile, von entscheidender Bedeutung. Im Humusanteil finden fast alle oben erwähnten Mineralkreisläufe statt, soweit sie mit der Pflanze zu tun haben. Weiterhin bestimmt der Anteil organischer Substanz weitgehend die Farbe und somit die Erwärmbarkeit von Böden, was für pflanzliches Wachstum sehr wichtig ist. Der Anteil und die Art des Humus sind bestimmende Faktoren für die Lebensbedingungen des Edaphon (Bodenfauna und -flora), und somit direkt verantwortlich für die Struktur des Bodens, und damit auch den Wasser- und Lufthaushalt. All diese Faktoren sind Grundlage bzw. Regulativ für das Pflanzenwachstum. Zwar bestimmen die Art und der Zustand der mineralischen Bodenbestandteile die eben angesprochenen Eigenschaften des

Bodens stark, aber der Zustand des mineralischen Bodenkörpers ist seinerseits auch von der Art, Menge und Beschaffenheit des Pflanzenbewuchses abhängig, und dieser wiederum von der organischen Bodensubstanz (siehe Kap. Bodentypen). Es ist demnach einleuchtend, daß Humus oder zukünftiger Humus nicht der Natur vorenthalten werden darf, wenn man es als wünschenswert erachtet, Leben zu erhalten.

Bei der Betrachtung des Mineralkreislaufes und der Rolle des Humus für das Pflanzenwachstum, kommt man zu dem Schluß, daß mangelndes Recycling, also mangelnde Rückführung der organischen Substanz in den natürlichen Kreislauf, das Pflanzenwachstum stört (siehe Abb. »Nährstoffkreislauf«). Vermindertes Pflanzenwachstum wiederum führt zu einer Verschlechterung der Bodenqualität, und zwar indem es den Boden wesentlich anfälliger für Erosion macht. Der Oberbodenverlust durch mangelnden Schutz einer dichten gesunden Pflanzendecke wirkt sich schon seit langem deutlich auf die Ernteerträge aus. Messungen der Erntemengen in der Bundesrepublik ergaben z. B., daß durch Erosion bisher — je nach Lage — Ernteverluste von 10 bis 50% entstanden sind. Erosion führt zu vermindertem Pflanzenwachstum, vermindertes Pflanzenwachstum führt zur Erosion — ein Teufelskreis, den es zu durchbrechen gilt. Kompostierung aller anfallenden organischen Substanz ist ein Weg in diese Richtung.

# Kompostmaterial

▶ *Allgemeine Kompostmaterialien:* Grundsätzlich können alle organischen »Abfälle« kompostiert werden. Aber nicht nur Garten-»Abfälle«, wie Pflanzenreste oder Rasen- und Heckenschnitt, sondern auch Abfallprodukte aus dem Haushalt wie Pappe und Papierreste (nicht in Massen, gegebenenfalls zerkleinert, aber kein bedrucktes Papier). Auch geringe Mengen an Speiseresten, wie Knochen- und Fleischabfälle, können kompostiert werden. Essensreste sollte man mit Erde abdecken, um keine Tiere anzulocken. Mit Obst- und Gemüseresten kann der Kompost ebenso beschickt werden, wie mit dem Inhalt des Staubsaugerbeutels und dem Mist aus dem Hamsterkäfig. Es ist sogar ratsam, einen zweiten Abfalleimer in der Küche aufzustellen für Kompostabfälle. Auch Kaffeesatz und Teebeutel würden sich darin wiederfinden. Nicht aufgebrauchte Winterkartoffeln, die nach der neuen Ernte aus dem Keller müssen, sollten vorher zerschnitten werden, da sie im Kompost sonst eine zahlreiche Brut ausbilden würden.

▶ **Landwirtschaftliche Abfälle:** Ebenso verwendbar sind landwirtschaftliche »Abfälle« wie Mist, Stroh und Kartoffelkraut, altes Heu und Futterreste (Rüben zerschnitten). Mit Mist und Stroh kann man einen Kompost auch abdecken (hält die Feuchtigkeit und wirkt gegen Verkrautung). Abfälle aus der Schlachtung wie Schweineborsten, Blut- und Fleischreste finden ebenfalls auf dem Kompost Platz.

▶ **Wildkrautkompostierung:** Daß die Garten-»Abfälle« auf den Kompost gehören, ist allgemein bekannt. Die Eingabe von Wildkräutern, wie Samenwildkräuter oder Wurzelwildkräuter ist jedoch umstritten. Erhitzt sich die Masse nicht so, daß sie abgetötet werden, verseuchen Quecke und mehrjährige Kräuter den Kompost. Ein Zusatz von Kalkstickstoff, der während seines Abbaus eine giftige Cyanamidphase durchläuft, würde die keimenden Wildkrautsamen abtöten. Wichtig ist dafür ein zweckmäßiger Wechsel der aufeinanderfolgenden Schichten. Doch, so sehr man sich bemüht, ganz wildkrautfrei ist der Kompost nie.

▶ **Kranke oder befallene Pflanzenteile:** Bei kranken und schädlingsbefallenen Pflanzenteilen muß unterschieden werden, zwischen solchen Schädigern, denen die Hitze im Kompost nichts ausmacht, die sich eventuell sogar bei Hitze noch vermehren und denen, die im Kompost abgetötet werden, letztere bilden die überwältigende Mehrheit. Schädlinge, wie Möhren-, Rettich-, Zwiebel- und Kohlfliege, die alle durchaus als hart gelten, überleben den Kompost nicht. Selbst der Milzbrand-Virus, der im Boden 70 Jahre überdauert, ist im Kompost nach 17 Tagen tot. Als Vertreter der »kompostresisten« Gruppe sei das Tabakmosaikvirus (TMV) genannt.

▶ **Textilien:** Kleidungsstoffe, Lumpen etc. sind nur bedingt geeignet, da sie sehr langsam verrotten. Man sollte daher lediglich dünne Baumwollstoffe verkompostieren und diese sehr gut kleinschneiden.

▶ **Asche:** Ein Eimer Asche vom Gartengrill dann und wann fördert die Verrottung und neutralisiert entstehende Säuren. Übermäßige Mengen verkraftet der Kompost jedoch nicht, da Asche stark alkalisch wirkt, was manchen Bodenorganismen das Leben äußerst schwer machen würde. In Maßen gegeben, wirkt sich der hohe Anteil an Spurenelementen (Zink, Mangan, Kupfer, Eisen) in der Asche positiv aus. Der kohlenstoffreiche Ruß färbt den Kompost dunkler, wodurch er sich schneller erwärmt.

▶ **Giftstoffe:** Giftstoffe, auch organische, wie z. B. Holzschutzmittel, Öle, Pflanzenschutzmittel und Benzin gehören noch nicht einmal in die Nähe des Kompostes.

Ein weitaus größeres Problem stellt das Blei

dar. Pflanzen, die entlang stark befahrener Straßen stehen, weisen in den Blättern einen hohen Bleigehalt auf. Das Blei wird im Kompost fast vollständig festgelegt, besonders Vorsichtigen sei jedoch empfohlen, solche Pflanzenteile nicht zu kompostieren, oder den Kompost nicht auf den Gemüsebeeten zu verwenden.

*Der Kompost ist kein Abfallhaufen:* Viele Dinge, die unsinnigerweise auf der Müllkippe landen, sind also wiederverwendbar. Der Kompost ist kein Abfallhaufen, keine Gartenmülldeponie. Kompost enthält und erhält Leben, ist somit äußerst wertvoll. Komposterde ist Vollwertnahrung für den Garten, die nach Bedarf zur Verfügung gestellt wird und stellt eine unerschöpfliche Nährstoffquelle dar.

Der Gartenkompost setzt sich aus frischen Pflanzenteilen wie gejätetem Unkraut, gemähtem Gras, frischer Blatt- und Stengelmasse, Abfällen von geerntetem Gemüse und Gartenfrüchten zusammen, hinzu kommen außerdem abgestorbene Reste von Stauden- und Blumenrabatten und herabfallendes Laub. Äste, kleingehackte Zweige und das Schnittgut von Hekken runden die Vielfalt an Materialien in einem Mischkompost ab.

Äste, Heckenschnitt und Zweige von Koniferen sollten kürzer als 80 cm sein und einen Durchmesser von höchstens 2 cm haben. Alles, was darüber hinausgeht, muß zerkleinert werden. Krautige Pflanzenteile dürfen beliebig dick sein.

Ein Gemisch aus gegensätzlichen Materialien, wie Nassem und Trockenem, Erdigem und Reinem, Grobem und Feinem, Sperrigem und Dichtem, sollte in einem gesunden und gut gemischten Verhältnis stehen. Dieses bewirkt einen optimalen Lufthaushalt, was eine gute und schnelle Zersetzung zur Folge hat.

# Standort des Komposts

Ein Kompost ist eine Sammlung organischer Reststoffe, die an einem dafür bestimmten Ort gesammelt werden, um sie dort zur Rotte zu bringen. Für den Rotteprozeß, den Zeitraum der Umsetzung des Ausgangsmaterials zu Humus, sind bestimmte klimatische, physikalische und biologische Bedingungen erforderlich. Diese Faktoren sind stark vom richtigen Standort abhängig. Weiterhin spielen arbeitstechnische, gestalterische und rechtliche Gesichtspunkte bei der Standortwahl eine Rolle.

▶ **Rechtliche Grundlagen:** Zunächst muß beachtet werden, welchen Abstand der Kompost von der Grundstücksgrenze haben muß. Genaue Angaben darüber sind dem Nachbarschaftsrecht der einzelnen Bundesländer zu entnehmen (Anruf beim örtlichen Ordnungsamt). Beispielhaft seien hier genannt: Baden-Württemberg: 0,5 m, sofern der Kompost nicht höher als zwei Meter ist; Niedersachsen: Die Hälfte der Höhe ist der Mindestabstand, also bei einem 1,5 m hohen Silo 0,75 m. Bei Komposthaufen, also ohne Einfassung, ist häufig kein Abstand vorgeschrieben.

Bei Geruchsbelästigung durch den Kompost kommt § 906 des BGB (Bürgerliches Gesetzbuch) zum Tragen. Dieser besagt, daß die Einwirkung von Gerüchen nur untersagt werden kann, wenn dadurch die Benutzbarkeit des Nachbargrundstücks erheblich leidet. Hier kommt es weiterhin auf die Umgebung an; was im Bauerndorf mit Misthaufen keine Belästigung ist, kann in der reinen Wohngegend sehr wohl Anlaß zur Beschwerde sein. Es sei jedoch gesagt, daß von einem fachgerecht betriebenen Kompost keinerlei übler Geruch ausgeht.

▶ **Gestalterische Gesichtspunkte:** Die Art und Menge des anfallenden Materials bestimmen die Größe und Art des Komposts. Dieser sollte sich in den Charakter des Gartens einfügen, damit der gute Vorsatz zu Kompostieren nicht dadurch zunichte gemacht wird, weil man sich über das Aussehen ärgert. Aus diesem Grund sollte der Schönheitssinn nicht außer acht gelassen werden.

▶ **Klimatische Einflüsse:** Für den bestmöglichen Rotteprozeß sind auch bestmögliche Voraussetzungen zu schaffen. Man muß wissen, daß ein gutes Kleinklima in der Miete und an der Miete den Bakterien, Würmern und anderen Kleinlebewesen die Bedingungen verschafft, die sie für die Durchführung der Rotte benötigen. Entscheidend sind Wärme, Luft und Feuchtigkeit. Sind diese drei in der richtigen Menge vorhanden, arbeitet die Natur fast unaufhaltsam zu unserem Vorteil. Um dies zu erreichen sollte der Kompoststandort folgende Kriterien erfüllen: Windgeschützte Lage möglichst im Halbschatten, dadurch wird ein starkes Austrocknen verhindert. Dabei sollte der Kompost möglichst geschützt liegen, damit er lange warm bleibt, bzw. frühzeitig warm wird. So kann die Rotte länger vonstatten gehen als im kalten Kompost.

▶ **Untergrund:** Für die optimale Zersetzung ist der direkte Zugang von Bodenkleinlebewesen ein unbedingtes Muß. Der Kompostplatz darf deshalb unter keinen Umständen durch Beton, Asphalt oder ähnlichem versiegelt werden. Der unmittelbare Kontakt von Boden und Kompost garantiert zudem eine reibungslose Wasserführung. Bei schweren, staunassen Böden kann eine Drainage Abhilfe schaffen.

Die entstehenden Sickersäfte sollten aufgefangen werden, da sie ansonsten wertvolle Nährstoffe (hauptsächlich Stickstoff) in den Untergrund spülen, die dort zu Sauerstoffmangel führen können. Weiterhin ist der Sickersaft in idealer Weise geeignet, einen zu trockenen Kompost zu bewässern. Die einfachste Methode, die Sickersäfte aufzufangen ist, die Bodenoberfläche mit leichtem Gefälle auf einen Punkt zulaufen zu lassen und an diesem Punkt ein Kunststoffgefäß einzulassen. Die aufgefangenen Sickersäfte können unter Umständen als Flüssigdünger Verwendung finden.

▶ **Arbeitstechnische Anforderungen:** Der Kompost sollte ohne Schwierigkeiten erreichbar sein, damit die organische Substanz sowohl vom Garten, als auch vom Haus einfach zu ihm gebracht werden können. Es sollte ausreichend Platz zum Hantieren am Kompost (Umsetzen, Zerkleinern von Heckenschnitt etc.) vorhanden sein. Wichtig ist auch die Zuwegung; sie sollte so beschaffen sein, daß der Kompost sowohl im Frühjahr (viel Niederschlag) zum Entnehmen des fertigen Komposts, als auch im Winter (glatt, verschneit) zum Einbringen des Strauchschnittgutes, benutzbar bleibt. Die Abmessungen sollten es erlauben, den Kompost mit der Schubkarre zu erreichen, da sonst größere Mengen nicht bewältigt werden können.

Ein Umpflanzen des Komposts mit Liguster, Stachelbeere oder ähnlichem kann den Kompost harmonisch in den Garten eingliedern, sichert die Nutzung eventuell abfließender Nährstoffe und kann den Kompost durch Beschattung und Windschutz vor dem Austrocknen bewahren. Von einer früher oft empfohlenen Pflanzung von z. B. Kürbis direkt auf dem Kompost ist abzusehen, da hierdurch zu viele Nährstoffe entzogen werden, und nicht auszuschließen ist, daß ungünstige Einflüsse durch eventuell abgegebene Wurzelsäuren ausgeübt werden.

# Der Rotteprozeß und seine Steuerung

Damit der Rotteprozeß reibungslos abläuft, müssen wir für optimale Voraussetzungen sorgen. Eine Steuerung hat eigentlich immer zum Ziel, möglichst schnell einen verwertbaren Kompost zu erhalten, natürlich auch aus wirtschaftlichen Gründen. Das beginnt bereits bei der Auswahl der Materialien, deren Zusatzstoffe und bei der Wahl des Kompostplatzes.

Für eine zufriedenstellende Verrottung brauchen wir Mikroorganismen, anaerobe und luftliebende (aerobe). Ist der Komposthaufen zu trocken, so bedeutet das Verwesung (vollständiger biologischer Abbau unter aeroben Bedingungen), ist er zu naß kommt es zu Fäulnisprozessen (unvollständiger biologischer Abbau unter anaeroben Bedingungen). Dazwischen liegen genau die optimalen Bedingungen für den Rottevorgang.

Unser Kompost muß so feucht sein wie ein ausgedrückter Schwamm. Ein Jahresniederschlag von 600–700 mm wie wir ihn in der Bundesrepublik als ideal ansehen. Die Menge wäre also ausreichend, wenn sie gleichmäßig über das Jahr verteilt fiele. Wie erfüllen wir nun diese optimalen Bedingungen? Eine alte Kompostregel besagt: Wir brauchen je ein Drittel Kompostmaterial, Luft und Wasser. Deshalb gilt:

• Das Kompostmaterial gut mischen (Faulstellen vermeiden, grobes Material sorgt für Luft),

• nicht feststampfen,

- bei Trockenheit gießen,
- bei starken Niederschlägen abdecken,
- Mieten nicht zu hoch aufsetzen,
- für Windschutz sorgen,
- möglichst an einem schattigen Platz kompostieren.

Ein weiterer wichtiger Punkt ist das Kohlenstoff:Stickstoff-Verhältnis (C:N-Verhältnis). Zum Abbau der organischen Substanz muß Stickstoff vorhanden sein, diesen nutzen die Mikroorganismen zum Aufbau ihrer eigenen Körpersubstanz. Ein Teil des Stickstoffs wird nach dem Absterben der Mikroorganismen später wieder frei für die Pflanzen.

Das C:N-Verhältnis ist ein entscheidender Faktor für die Rotte, dem schon bei der Zusammenstellung des Kompostmaterials große Beachtung geschenkt werden muß. Ein Kohlenstoff-Überschuß ( = Stickstoff-Mangel) verzögert die Rotte, da die Abbauer sich nicht schnell genug vermehren können und führt zu Verlusten in Form von $CO_2$ = Kohlendioxid, welches gasförmig entweicht. Das ist eigentlich immer der Fall, jedoch lassen sich die Verluste durch ein ausgewogenes C:N-Verhältnis gering halten.

Ein Stickstoff-Überschuß ( = Kohlenstoff-Mangel) führt ebenfalls zu Nährstoffverlusten. Es entweicht $NH_3$ (Ammoniak), und bei stärkeren Niederschlägen kann Stickstoff leicht z. B. in Form von Purinen ausgewaschen werden.

Aber es kommt nicht nur auf das Gesamt-Kohlenstoff:Stickstoff-Verhältnis im frisch aufgesetzten Kompost an. Zugesetzter mineralischer Stickstoff ist z. B. wesentlich schneller verfügbar als der organisch gebundene Kohlenstoff und kann deshalb z. T. schon vor Beginn des Rotteprozesses ausgewaschen werden. Unvermeidbar ist auch, daß im normal ablaufenden Rotteprozeß Kohlenstoff als $CO_2$ entweicht. Das C:N-Verhältnis wird dadurch im Verlauf der Umsetzung automatisch enger.

Für die o. g. Verluste ist ebenfalls die Rottetemperatur entscheidend. Hohe Temperatur gleich hohe Verluste.

Ein C:N-Verhältnis von 20 bis 25:1 wird als ideal angesehen.

Hier eine kurze Auflistung von Materialien und ihren Kohlenstoff:Stickstoff-Verhältnissen

**Übersicht 6:** Kohlenstoff:Stickstoff-Verhältnisse in verschiedenen organischen Materialien

| Material | C | : | N |
|---|---|---|---|
| Gartenabfälle | 7 | : | 1 |
| Rasenschnitt | 12 | : | 1 |
| Mist (3 Monate) | 15 | : | 1 |
| Küchenabfälle | 23 | : | 1 |
| Fichtennadeln | 30 | : | 1 |
| Laub | 50 | : | 1 |
| Weizenstroh | 125 | : | 1 |
| Holzspäne/Sägemehl | 500 | : | 1 |

Wo also Stickstoff fehlt, muß er dem Kompost zugesetzt werden, am besten eignet sich stickstoffhaltige Substanz tierischen Ursprungs, also in organischer Form z. B.:

**Übersicht 7:** Organische Substanzen mit engen Kohlenstoff:Stickstoff-Verhältnissen (Kompostverbesserungsmittel)

| Material | C | : | N |
|---|---|---|---|
| Harn | 0,8 | : | 1 |
| Mistsickersaft | 2,5 | : | 1 |
| gemischte Schlachthofabfälle | 2 | : | 1 |
| Kuh-, Pferdemist | 8 | : | 1 |
| Hornspäne | 4 | : | 1 |
| Blutmehl | 3 | : | 1 |
| Knochenmehl | 5 | : | 1 |

Leicht lösliche Mineraldünger führen zu Stickstoff-Verlusten und belasten das Grundwasser aus den genannten Gründen und sind daher nicht zu empfehlen.

Eine gute Möglichkeit die Rotte über das C:N-Verhältnis zu regulieren ist das nachträgliche Einbringen von Stickstoff in Form von Gülle oder Hühnermist.

Ein Trick, den Kompost anzuheizen, ist die gezielte Ernährung der Mikroorganismen während der ersten Phase. Dies geschieht mit einer Zucker-Hefe-Lösung aus 300 bis 400 g Zucker und einem Päckchen Hefe (=42 g), aufgelöst in 10 l 40 °C warmen Wassers. Das reicht für ca. 0,5 bis 1 m³ Kompost.

Nun zu den Rottephasen des Kompostes. Sie lassen sich in *abbauende* und *aufbauende Phasen* einteilen:

• Das Aufheizen (Startphase) dauert 2 bis 8 Tage. Hier sind keine spezifischen Organismen tätig. Es ist ein Zusammenwirken vieler verschiedener *mesophiler* Mikroorganismen. Sie ziehen Sauerstoff und Stickstoff aus dem Nährhumus (Grünteilen) zum Aufbau ihrer Körpersubstanz. Sie ernähren sich von den leicht abbaubaren Substanzen wie Eiweißen und Kohlenhydraten. Dieser Vorgang bewirkt eine Anreicherung organischer Säuren. Daraus folgt: der pH-Wert nimmt etwas ab. Die Temperatur steigt rasch an und beim Überschreiten von ca. 40 °C geht die Rotte in die • thermophile Phase (= wärmeliebende Phase) über. Die Temperatur steigt weiter, und nach 3 bis 4 Wochen wird das Maximum erreicht, d. h., Temperaturen bis zu 70 °C. Vermehrt treten Pilze auf, die mesophilen Organismen sterben ab. Sporenbildende Bakterien sind wesentlich beteiligt. $CO_2$ wird abgegeben, entweicht z. T. als Gas oder verbindet sich mit Wasser zu Kohlensäure. Diese ist in der Lage, Mineralstoffe aufzuschließen und Kalk ($CaCO_3$) zu doppelt kohlensaurem Kalk $Ca(HCO_3)_2$ umzuwandeln. Die Kohlensäure entsteht verstärkt bei der Zersetzung der Zellulose und Hemizellulose. Parallel dazu wird entsprechend Stickstoff aus dem eiweißreichen Material freigesetzt. Zum Ende dieser Phase haben sich die Pilze durchgesetzt. Der Anteil organisch gebundenen Stickstoffs wird höher und es kommt zur Nitratbildung. Durch die Freisetzung von Alkali- (K, Na) und Erdalkalimetallen (Ca, Mg) steigt der pH-Wert im Kompost wieder, dadurch werden die Säuren neutralisiert.

• Umbauphase: Sind die leicht umsetzbaren organischen Verbindungen weitestgehend abgebaut, so geht das Pilzwachstum zurück, im Kompost sinkt die Temperatur langsam auf 40 °C ab. Nach und nach stellt sich (nach ca. weiteren 2 bis 4 Wochen) die 3. Phase, die Umbauphase ein. Die mesophile Mischflora übernimmt die weitere Umsetzung. Das sind einfache Kleintierarten, Ständer- und Hutpilze und später auch der rote Mistwurm. Sie bauen im wesentlichen Lignin und Zellulose um.

• Reifephase: Dann kommt der fließende Übergang zur letzten Phase, der Reifephase. Die Temperatur im Kompost ist weitgehend mit der Umgebungstemperatur identisch und alle möglichen Bodentierchen bevölkern den Kompost. Eines der letzten ist der Regenwurm. Wir sprechen auch von einer Makrofauna. Wesentlich ist hier der Aufbau einer Bodenstruktur und die Bildung der stabilen Ton-Humus-Komplexe.

Die durch die Zersetzung freigewordene Huminsäure ist allein nicht beständig und würde leicht ausgewaschen werden. Kommt sie jedoch mit Kalk zusammen, wird sie unlöslich und nimmt eine flockige, krümelige Struktur an. Ebenso bindet der Kalk sich auch an Ton und verliert dadurch seine schleimige Beschaffenheit. Das Ergebnis ist der wichtige Dauerhumus.

Für die genannten Ton-Humus-Komplexe ist das Vorhandensein von Tonmineralen unentbehrlich. Daher ist beim Aufsetzen lehmiger, toniger Boden zuzusetzen, es genügen wirklich kleine Mengen, z. B. lehmiger Boden, der noch an den Wurzeln von Kraut hängt. Alternativ dazu können Tonminerale eingestreut werden, z. B. als Montigel oder Bentonit.

Ebenso ist ein Zusatz von Kalk von großer Bedeutung, der sich mit der Huminsäure verbinden soll. Er darf also nicht wasserlöslich sein, sonst wäre er in der letzten Rottephase aufgezehrt. Wir nehmen also keinen Brannt- oder Löschkalk. Zu empfehlen ist Magnesiumkalk oder Algomin (aus Meeresalgen) oder Basaltmehl, die außer Kalk und Magnesium den Kompost mit wertvollen Spurenelementen bereichern.

Um den Rotteprozeß zu unterstützen, können wir den Kompost zu Beginn impfen mit bereits verrottetem Kompost oder entsprechenden Startern. Während der Rotte sollte man, wenn nötig, mit den eingangs erwähnten Methoden eingreifen, um dem Optimum nahe zu kommen. Bei Stickstoff-Mangel und Trockenheit z. B. mit verflüssigtem Hühnerkot oder Brennnesseljauche gießen. Ist der Kompost zu naß, so hilft ein Umsetzen und das Einstreuen von etwas Basaltmehl.

Ist ein Kompost unter Berücksichtigung aller genannten Faktoren angelegt, so ist eine Beschleunigung durch Umsetzen eigentlich nicht möglich.

# Arten der Kompostierung

▶ **Mietenkompostierung:** In größeren Gärten ist er anzutreffen: der Komposthaufen. Als Haufen bezeichnet man etwas, was ziemlich wahllos und ohne System aufgeworfen wurde. An seine Stelle soll nun aber die Kompostmiete treten, d. h. es bedarf schon einer gewissen Planung und Kenntnis, um eine solche Miete anzulegen.

Bevor der Aufbau besprochen wird, muß hier noch einmal zusammenfassend auf den richtigen Standort eingegangen werden. Die Kompostmiete muß gut zu erreichen sein. Der Untergrund, auf dem die Miete entstehen soll, darf nicht befestigt sein, also nicht aus Platten oder verdichtetem Boden bestehen. Die Miete sollte sich an einem windgeschützten halbschattigen Ort befinden.

Nun zum äußeren Aufbau: Die Ausmaße sollten ungefähr die folgenden sein: Untere Breite: 1,20 m bis 1,50 m; obere Breite 0,80 bis 1,0 m; Höhe 0,80 m bis 1,30 m; Länge beliebig, in Abschnitten von jeweils 1 m. Die Begrenzung der Höhe soll verhindern, daß das untere Kompostmaterial zusammengepreßt wird und so ein Luftmangel zu Fäulnisbildung führt. Je größer die Niederschlagsneigung, desto knapper sollte die obere Breite ausfallen, sonst würde es zu einer starken Vernässung der Miete kommen.

Das zu verrottende Material kann wieder aus sämtlichen organischen Abfällen bestehen. Auch hier müssen grobe Äste erst zerkleinert werden.

Nach welchem Schema baut man nun eine solche Kompostmiete auf? Zuerst legt man auf den Boden eine Schicht grobes holziges Material wie z. B. Äste, Schilf oder starke Staudenstengel. Dieses hat den Zweck, daß sich unter der Miete eine Luftschicht bildet und die Bodenlebewesen dadurch aktiviert werden, den Rotteprozeß zu vollziehen; außerdem wird verhindert, daß auftretendes Sickerwasser zu Fäulnisbildung führt.

Dann folgen etwa 20 cm gemischter »Abfall«, darüber wird nun etwas organischer Dünger gestreut und eventuell Kompostbeschleuniger hinzugegeben. Die erste Schicht wird nun dünn mit Erde abgedeckt. Bei Trockenheit ist es wichtig, alles mit etwas abgestandenem Wasser zu begießen. Ist das Material schon selbst feucht genug, ist diese Maßnahme nicht nötig. Nun wird die nächste Schicht nach dem gleichen System aufgebaut, bis die Sollhöhe von ca. 1,30 m erreicht ist; dabei ist es wichtig, daß die Miete nach oben hin gleichmäßig schmaler wird. Nachdem die Kompostmiete fertig angelegt ist, gilt es, sie abzudecken. Die Abdeckungsschicht muß einerseits eine schützende Funktion haben, aber gleichzeitig luftdurchlässig sein. Man verwendet dafür z. B. Kartoffelkraut, Rindenmulch oder Stroh. Diese Schicht soll gegen zu starken Regen und übermäßige Sonneneinstrahlung schützen. Außerdem sorgt sie für eine gleichmäßige Feuchtigkeit innerhalb der Miete.

Je nach Art des Ausgangsstoffes, und davon ausgehend, daß das Ergebnis der Mietenkompostierung vollkommen zersetztes Material sein soll, dauert der Rotteprozeß ca. 10 bis 12 Monate.

▶ **Kompostierung im Silo:** Zu verwenden sind alle Stoffe, die auch bei der Mietenkompostierung verarbeitet werden (siehe Kapitel Kompostmaterialien). Dabei sollte stets ein Anteil an frischem Grünmaterial unter das Angesammelte gemischt werden, um den Sauerstoffzutritt nicht zu unterbrechen. Es ist ratsam, Wiesen- oder Grasschnitt (beide nur angewelkt verarbeiten) mit grobem Stengelmaterial zu vermischen. Beim Aufsetzen des Materials kommt es sonst zu Luftmangel (Fäulnis), die Rotte wäre unterbrochen.

Der Einsatz von Gartenerde kann als Impfung gesehen werden, da durch das innewohnende Bodenleben die Rotte zügig beginnt. Ebenfalls diesem Zweck dient das Anfeuchten trockener Materialien. Mit einsetzender Rotte steigt die Temperatur im Silo auf ca. 60 °C.

Für Zuschlagstoffe im Silokompost gibt es keine scharf abgegrenzten Richtlinien. Im wesentlichen werden Stein-, Horn-, Knochen-, Blutmehl sowie Algenkalk und Holzasche verwendet. Die Zuschlagstoffe werden jeweils in

Verbindung mit einer nächsten Schicht Material eingebracht.

Die häufigste Siloform ist der rechteckige Kasten mit variabler Höhe (variabel durch Lamellenbauweise). Die verwendeten Baustoffe sind Holzstämme, Holzbretter, Eternitplatten, Beton, verzinktes Blech, Drahtgitter und Plastik. Jeweils mit einer Vielzahl von Aufbaumöglichkeiten. Im allgemeinen erfüllen alle angebotenen Systeme ihren Zweck sehr ordentlich, so daß beim Kauf der Geldbeutel oder das Auge entscheidend sein dürfen. Im Eigenbau sind ebenfalls taugliche Silos zu erstellen, die dann den individuellen Bedürfnissen sehr genau angepaßt werden können.

Eine Sonderform der Silokompostierung stellt die Kompostierung in Säcken dar, die aber selten angewendet wird.

Die Beschickung kann wie bei Stapeln oder Mieten vorgenommen werden. Der Behälter steht dabei auf etwas angelockertem Boden, damit eine gute Verbindung mit dem vorhandenen Bodenleben stattfinden kann. Eine lockere Schichtung und ein häufiger Materialwechsel wirken sich positiv auf die Rotte aus.

Die Kompostierung in einem Silo ist platzsparend und läßt daher die Verwertung von »Abfällen« auch im kleineren Garten zu

Feuchtigkeit und Temperatur müssen auch im Silo kontrolliert werden, wenn die Rotte optimal verlaufen soll. Obwohl temperatur- und feuchtigkeitsmäßige Schwankungen im Silo weniger stark ausfallen (gegenüber der Mietenkompostierung), muß auch hier gelegentlich angefeuchtet werden. Hierzu nimmt man am besten den Sickersaft, der in einem Behälter unterhalb des Silos aufgefangen werden sollte. Dieser Sickersaftbehälter muß stets abgedeckt sein, um ihn vor Verunreinigungen zu schützen. Die Rottedauer richtet sich nach dem verwendeten Material, der Witterung, den verwendeten Zusätzen und dem Standort. Ein Umsetzen des Silokompostes ist nicht notwendig. Nach 2 bis 4 Monaten entsteht ein sehr grober Frischkompost, der zum Mulchen geeignet ist, nach 8 bis 12 Monaten entsteht Reifkompost, der flach in den Boden eingearbeitet werden kann.

Die Silokompostierung bietet einige Vorteile. Durch die Stapelbarkeit des sogenannten »Abfalls« wird Platz gespart, was bei den heutigen Grundstücksgrößen sehr wichtig ist. Weiterhin bietet der umwandete Stapel ein sehr ordentliches Bild. Die Rotte findet fast geruchslos statt. Direkte Sonneneinstrahlung wird verhindert, dadurch die Feuchtigkeit gehalten und das Mikroleben gefördert. Es treten fast keine Nährstoffverluste auf. Der fertige Kompost kann unten entnommen werden, ohne oben die Rotte zu unterbrechen.

# Verwendung des Kompostes

Kompost wird in verschiedenen Rottestadien im Garten verwendet. Während früher nur völlig verrotteter, feinkrümeliger Kompost (Reifezeit 1 bis 3 Jahre) Verwendung fand, ist man heute bestrebt, auch Frischkompost (Rottezeit 2 bis 3 Monate) einzusetzen. Bei der Verarbeitung von Frischkompost werden die noch unverrotteten Teile im Gartenboden weiter ab- bzw. umgebaut.

▶ **Der Frischkompost:** Dieser besteht hauptsächlich aus Nährhumus, der die Tätigkeit des Bodenlebens anregt und dadurch die Bodengare ( = Krümelstruktur) verbessert. Wichtig ist hierbei, daß der Frischkompost nur mit der oberen gelockerten Bodenschicht (maximal 10 cm) vermischt wird.

Je nach Rottegeschwindigkeit kann der Frischkompost schon nach sechs bis acht Wochen als Mulchschicht unter Sträuchern und auf Baumscheiben ausgebracht werden. Das Austrocknen wird mit einer dünnen Lage Gras, Laub oder Erde verhindert.

Für Gemüsebeete und Rabatten eignet sich der Frischkompost nach einer Rottezeit von ca. drei Monaten. Er darf, wie oben erwähnt, nicht tief in den Boden eingearbeitet werden und nicht mit Wurzeln in Berührung kommen. Der Frischkompost wird noch weiter zersetzt und benötigt dabei viel Sauerstoff. Unter Luftmangel entsteht schnell Fäulnis, wodurch die Wurzeln der Pflanzen geschädigt werden können. Der Frischkompost wird daher nach dem Ausbringen nur leicht eingeharkt, um einen Kontakt mit der Erde herzustellen. Die vielen Bodenlebewesen im Kompost übertragen sich dann auf die nähere Umgebung und verbessern den Boden nachhaltig.

Auf gut durchlüfteten Böden eignet sich besonders der Frischkompost, auf schweren verdichteten Böden ist der Reifkompost vorteilhafter. Frischkompost sollte hier nur zum Mulchen eingesetzt werden.

▶ **Der Reifkompost:** Dieser besteht aus Dauerhumus. Vorteilhaft wirkt sich der Reifkompost auf die physikalischen Bodeneigenschaften aus. Er liefert dagegen weniger Nahrung für die Bodenlebewesen als Frischkompost. Geeignet ist der Reifkompost zur Vorbereitung von Saatbeeten. Hier wird er durch Umgraben eingearbeitet (siehe in Kap. 5 den Abschnitt Bodenbearbeitung). Außerdem eignet er sich zum Einfüllen in Pflanzlöcher bei Strauch- und Baumpflanzungen. Mit Rindensubstraten vermischt, eignet sich der Reifkompost auch als Substrat für Topfpflanzen, z. B. als Azaleen-, Orchideen- und Containersubstrat. Besonders gut eignet sich der Reifkompost für die Rasenaussaat. Durch Grubbern wird die verteilte dünne Kompostschicht eingearbeitet. Nach der Rasensaat, also im Wachstumsstadium des Rasens, sollte Reifkompost nur in geringen Mengen auf dem Rasen ausgebracht werden.

▶ **Die Höhe der Kompostgaben:** Jene richtet sich nach der Menge des im Jahr anfallenden Komposts. Die Anwendungsmengen sind nach oben hin grundsätzlich unbegrenzt. Eine 1 cm dicke Kompostschicht in einem aufgetragen, gewährleistet eine gute Humusversorgung des Bodens über mehrere Monate.

Ein gute Versorgung des Gemüsegartens mit Kompost fördert die Gesunderhaltung der Pflanzen und sichert hohe Erträge

▶ **Der Kompost im Garten ist eine Kostbarkeit:** mit der man nicht leichtfertig und unbedacht umgehen sollte. Verschiedenste »Abfallstoffe« sind hier zu einem Substrat verarbeitet worden. Ausgereifte Komposterden fördern die Widerstandskraft der Pflanzen und deren Früchtequalität. Der Kompost ist reif, wenn alle Bestandteile sich in braune, krümelige Erde zersetzt haben. Der Geruch kommt dem eines Laubwaldbodens nahe. Der Rückzug der (Kompost-) Würmer deutet in den meisten Fällen auf den Abschluß der Rotte hin.

Liegt der Kompost länger als ein Jahr, geht er langsam in einen mineralischen Zustand über, d. h. organische Bestandteile werden weiter zu anorganischen (mineralischen) abgebaut. Alter Kompost wird also nicht besser, sondern verliert mit fortschreitender Zeit an Bodenleben und, durch Auswaschung der mineralischen Bestandteile, an Nährstoffen.

Beste *Ausbringezeit* für Kompost ist der Frühling. Zu Anfang der Vegetationsperiode werden die Nährstoffe schnell von den Pflanzen aufgenommen und waschen nicht aus. Da der Kompost neben Nährstoffen auch über Humussubstanz verfügt, entwickelt sich der Gartenboden durch regelmäßige Kompostgaben zu einem lockeren humosen Boden, der sich gut bearbeiten läßt und auf dem Pflanzen hervorragend wachsen.

Um im Frühjahr alle Kulturen gut mit Kompost versorgen zu können, sollte auf das zu bewirtschaftende Areal vor Beginn weiterer Gartenarbeiten der gesamte Kompost flächig ausgebracht und eingearbeitet werden. Ist nicht ausreichend Kompostmaterial vorhanden, sollte es sparsam eingebracht werden, am besten direkt in die Saatrillen oder Pflanzlöcher. Bei der Verwendung in Saatrillen sollte der Kompost zuvor fein gesiebt werden, in Pflanzlöcher kann er ohne weitere Vorbehandlung eingebracht werden, jedoch nicht tiefer als ca. 30 cm.

Während einjährige Gemüsepflanzen entsprechend ihren spezifischen Bedürfnissen versorgt werden, gilt für Beerenobst die Grundregel: nur im zeitigen Frühjahr und nach der Ernte düngen, da eine Düngung während der Vegetationsperiode zu starkem Triebwachstum und zu vermindertem Fruchtwachstum führen würde.

Die zu gebende Kompostmenge richtet sich nach der Bodenart und der Ernteerwartung. Als Richtwert gilt ein Eimer (10 l) auf zwei bis vier Quadratmeter.

Reichen die Düngermengen durch den Kompost nicht aus, kann selbstverständlich mit Handelsdüngern ergänzt werden. Eine Überdüngung ist jedoch auf jeden Fall zu vermeiden, da lockeres Pflanzengewebe und hohe Anfälligkeit gegenüber Pilzerkrankungen und Schädlingen die Folge wären. Deshalb ist im Zweifel eine leichte Unterversorgung einer Überdüngung vorzuziehen.

# 10 Regeln für die Kompostbereitung

Zum Abschluß des Abschnittes Kompost noch einmal eine Zusammenfassung des oben Gesagten:

• Kompostmaterial nie in eine Grube oder Mulde legen. Luftmangel wäre die Folge, es käme zu Fäulnis und Geruchsbelästigung.

• Nie geschlossene, unbelüftete Behälter verwenden.

Grobes Material nach unten, feineres nach oben. Grasschnitt nur angewelkt oder in dünnen Schichten (ca. 5 cm) aufbringen.

• Komposthaufen brauchen Erdanschluß; nur so kann Überschußwasser ungehindert entweichen und das Bodenleben in den Kompost gelangen.

• Küchenabfälle, besonders Fleischreste, gut abdecken, sonst wird der Kompost zum »Restaurant« für die Tiere der Nachbarschaft.

• Vollkommene Trockenheit vermeiden; das Bodenleben braucht Wasser.

• Zuviel Wasser vermeiden, sonst stirbt das Bodenleben an Luftmangel.

• Gartenerde, Kalk und Gesteinsmehl dünn über die einzelnen Schichten des Kompostes streuen.

• Zwiebel- und Schnittlauchreste sind ideales Wurmfutter, genau wie Tee oder Kaffeesatz. Hefe und Zucker sind ideal für Bakterien.

• Den fertigen Haufen luftdurchlässig abdecken, das fördert die Wärmeentwicklung und hilft, die Feuchtigkeit zu regulieren.

# 7
# Mulchen und Gründüngung

## Rückblicke, Einsichten

Früher war es das erklärte Ziel jedes Gartenbesitzers (und ist es heute bei einigen noch immer): der sauber geputzte, strahlende Garten. Die Pflanzflächen waren vollständig vom Kraut befreit, die Rasenkanten geradlinig abgestochen, das Fallaub peinlich genau entfernt. Jede Kulturpflanze sollte einzelnstehend und ungestört wachsen können. Zu dieser Zeit hörte man die Gartenbesitzer über die schwere Gartenarbeit stöhnen. Dann begann eine Zeit in der die Natur Einkehr in die bundesdeutschen Gärten hielt. Der Garten wurde nur spärlichst bearbeitet, das Wildkraut überwucherte ungeordnet, aber zielstrebig, jede Fläche. Die Freude am Gärtnern blieb dabei manchmal auf der Strecke. So kann zur einen wie zur anderen Seite hin übertrieben werden. Das richtige Maß liegt wohl, wie so oft, in der Mitte. Am besten können wir aber auch in diesem Punkt von der Natur selbst lernen. Dort, wo sie sich lange Zeit weitgehend ungestört entfalten konnte, liefert sie uns das Lehrbeispiel für den richtigen Umgang mit dem Boden. Das Paradebeispiel hierfür ist der Wald. Hier gibt es keinen Quadratzentimeter, der nicht bewachsen oder mit Fallaub bedeckt ist. Die Pflanzen dieser Gemeinschaft kommen ohne Düngung aus, der Waldboden hat eine gute Struktur. Die Ursache hierfür ist in der vollständigen Bedeckung zu sehen, die den Boden beschattet, also regulierend auf den Was-serhaushalt wirkt. Über diese Beschattung hinaus wird der Boden vor mechanischer Verdichtung durch Regen geschützt, was die Bodenstrukturstabilität fördert. Unter der Bodendecke entwickelt sich das Bodenleben in idealer Weise, wodurch Struktur und Nährstoffversorgung gesichert sind. Die Auflage verhindert Wind- und Wassererosion. Das Material der Decke (hauptsächlich Laub) stellt im Laufe seiner Verrottung die Ernährung des Bodenlebens sicher, was sowohl dem Boden als auch der Pflanze zugute kommt. Letztlich verhindert die Bodendecke unerwünschten Aufwuchs.

Bei der Vielzahl positiver Auswirkungen kann es nur verwundern, daß der Mensch sich die Bodendecke im eigenen Garten nicht zunutze macht. Zu dieser Einsicht gelangt, stellt sich die Frage, wie im Garten eine Bodenbedeckung zu erreichen ist, da Laub nicht in ausreichenden Mengen zur Verfügung steht und es dem optischen Empfinden des Gartenbesitzers nicht immer entgegenkommt. Als Ersatz der Laubdecke des Waldes haben sich im Garten die Decke aus Pflanzen (Gründüngung), oder das Mulchen bewährt.

## Das Mulchen

Das Wort stammt vom niederdeutschen Begriff »Mölsch« ab, der lockere Decke bedeutet. Damit ist der Grundgedanke des Mulchens genannt: Der Boden soll, wie im Wald, locker bedeckt werden. Mulchen bietet sich auf allen Flächen an, die gerade bepflanzt wurden. Weiterhin ist Mulchen ideal zwischen Bäumen und Sträuchern, unter denen, aufgrund von Lichtmangel, keine Pflanzen wachsen. Auch Gemüsebeete können unter bestimmten Voraussetzungen gemulcht werden (im Winter, unter Erdbeeren etc.). Da die Wahl des Mulchmaterials von entscheidender Bedeutung für den Erfolg ist, werden im folgenden die wichtigsten Stoffe näher beschrieben.

Die Natur macht es vor:
Mulchdecke im Buchenwald

▶ **Rindenprodukte:** Sie nehmen wohl Platz 1 in der positiven Wirkung auf die Bodenverhältnisse ein. Im angerotteten Zustand liegen die Rindenteilchen dicht aneinander, so daß der Wildkrautbewuchs gehemmt wird, die Wasserhaltekraft des Bodens nach kurzer Zeit auf das Doppelte ansteigt und alle Ziele der Bodenbedeckung schnell erreicht werden.

Da es viele unterschiedliche Produkte auf dem Markt gibt, soll hier keine Empfehlung gegeben werden. Nur auf eines sollte man achten, daß das Rindenprodukt von einem Hersteller ist, der einer Gütegemeinschaft angehört (Siegel). Damit hat man die Gewähr, daß keine Giftstoffe aus Holzprodukten (Lindan, Farben, Lacke) enthalten sind. Die Preise für Rindenprodukte dürften zwischen 20 und 40 DM/m$^3$ anzusetzen sein. Vielfach ist es nicht so einfach, Rindenprodukte zu bekommen, da nicht jeder Pflanzenmarkt über Rindenprodukte verfügt oder aber Verkaufsbaumschulen lieber mit Torf handeln.

▶ **Sägemehl:** Ein Material, welches bestimmt leichter zu beschaffen ist, wird in Sägemühlen oft als Abfall billig verkauft. Für 10 bis 20 DM pro Kubikmeter ist Sägemehl zu bekommen, wenn man es selbst abholt. In vielen kleinen Sägereien vielleicht sogar umsonst.

Zur Wirkung von Sägemehl ist zu sagen, daß es viel dichter liegt als Rinde und daher nicht höher als 5 cm aufgebracht werden sollte, um Fäulnis durch Verdichtung und Sauerstoffentzug zu vermeiden.

Die Wasserhaltekraft ist wie bei Rindenprodukten außerordentlich gut. Da das Wasser äußerst langsam in den Boden sickert, wird der Boden nicht verschlämmt und verdichtet.

▶ **Stroh:** Während in Städten wohl mehr Rindenprodukte und Sägemehl Anwendung finden, wird »auf dem Land« und in landnahen Gebieten vielfach auch Stroh zum Mulchen benutzt. Möglichst gut zerkleinert erfüllt es die Mulchaufgabe gut, die Auflage sollte aber eine Höhe von 8 bis 10 cm nicht überschreiten, da es sonst Unterschlupf für Mäuse bietet. Zu den Kosten sind keine genauen Angaben zu machen, da sie vielfach ausgehandelt werden, je nach Abnahmemenge und Abnahmehäufigkeit. Die Preise pro Kubikmeter sind geringer als zum Beispiel von Rindenmulch, zu bedenken ist aber die größere benötigte Menge.

▶ **Buschhäcksel:** Eine Variante des Mulchens, die möglich ist, aber nur bedingt empfohlen werden kann. Als loses Material bezogen, sollte man darauf achten, daß es sich um angerottetes Häckselwerk handelt, denn oftmals werden auch kranke Pflanzenteile gehäckselt und die Erreger würden dann großflächig verteilt

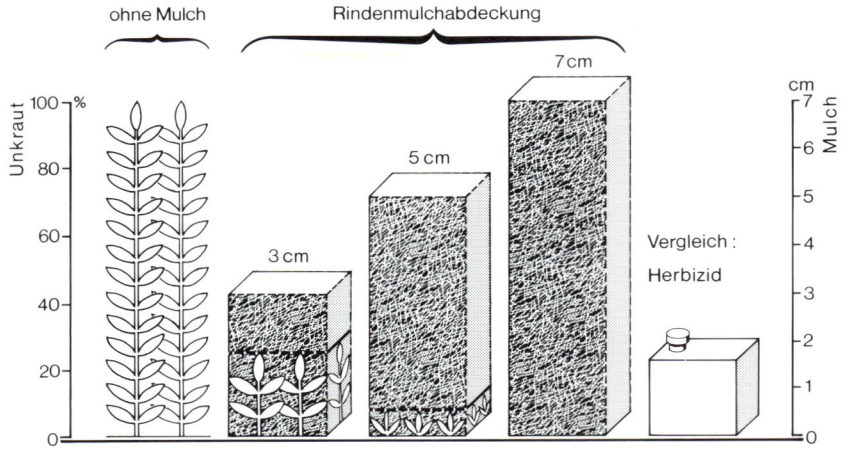

Unkrautbesatz bei unterschiedlich hoher Rindenmulchbedeckung des Gartenbodens

werden. Besonders bei Eigenherstellung (Schredder) ist darauf zu achten, Rotpustelkranke Zweige oder solche, die mit Monilia (Spitzendürre) etc. befallen sind, nicht zu verarbeiten, sondern zu verbrennen. Mit gekauftem Buschhäcksel zu mulchen ist sehr teuer, die Preise liegen bei ca. 60 bis 80 DM/m³. Die Wirkungen auf die Bodenverhältnisse sind als zufriedenstellend zu bezeichnen. Es wird etwas weniger Wasser gehalten als durch Rindenmulch oder Sägemehl, außerdem tritt durch den hohen Grünanteil beim Häcksel ein schneller Materialschwund auf, so daß die positiven Eigenschaften schnell verschwunden sind.

▶ **Rasenschnittgut und Garten-»Abfälle«:** Auch angewelktes Rasenschnittgut, gemischt mit Blattmasse von Salaten, Möhrenkraut oder Porree, ist mulchfähig. Da sich aber das Rasenschnittgut leicht verdichtet und dann schmiert, sollte es entweder nur sehr dünn aufgebracht werden, oder aber, was zu empfehlen ist, Rasenschnittgut und Garten-»Abfälle« in Form von Flächenkompost zu mulchen.

▶ **Flächenkompost:** Der Übergang vom Mulchen zum Kompostieren auf großen Flächen verläuft fließend.

Flächenkompost wird so angelegt, daß angewelktes Material wie Rasenschnittgut, Garten-»Abfälle«, Stroh, Frischkompost oder Mist auf die Gartenfläche ausgebracht und dünn abgedeckt wird, damit die Kompostierung ungestört ablaufen kann. Die Sonne kann das Kompostmaterial nicht austrocknen, das Bodenleben bleibt aktiv usw.. Flächenkompost führt zu einer guten Bodengare und bewirkt, das der Boden leicht zu bearbeiten ist. Das Beet kann im Frühjahr sofort bepflanzt werden. Mit einer Harke oder einem Rillenzieher werden Saatrillen gezogen, in die dann gesät

Durch das Mulchen von Stauden- und Gehölzrabatten sowie des Obst- und Gemüsegartens wird der Verlust an Bodenwasser gemindert, die Struktur des Bodens verbessert und der Aufwuchs von Wildkräutern unterdrückt

wird. Hat man die Möglichkeit, an Mist (Schaf, Pferd, Rind) heranzukommen, sollte man die Gelegenheit alle zwei Jahre nutzen und angerotteten Mist (ca. 6 Wochen Rottezeit) als Flächenkompost aufbereiten, also mit Rasenschnittgut etc. mischen und danach schützend abdecken. Jedoch auch hier wieder der Hinweis: Höhen ab 10 bis 15 cm bei Flächenkomposten sind Schlupf- und Nistorte für Schnecken und Mäuse. Stallmiste kosten ca. 2 bis 5 DM/100 kg, werden aber in kleinen Mengen oft kostenlos abgegeben.

▶ **Weiteres Mulchmaterial:** Selbstverständlich gibt es noch viele andere Materialien, die sich

Buchweizen

Weißer Senf

# Gründüngung

Die zweite Möglichkeit, eine schützende Dekke über den Boden zu breiten, ist die Gründüngung, der flächig geschlossene Bewuchs des Bodens mit krautigen Pflanzen. Über die vielen Vorteile des Mulchens hinaus bietet die Gründüngung weitere positive Einflüsse auf den Garten. Die Gründüngungspflanzen können mit ihren langen Wurzeln Bodenverdichtungen durchbrechen, sie tragen durch Wurzelausscheidungen aktiv zur Krümelbildung bei.

Sonnenblumen

zum Mulchen eignen. Deren Eigenschaften gleichen weitgehend den hier beschriebenen, so daß die Verfügbarkeit sowie das optische Empfinden bei der Wahl des Mulchmaterials nicht außer acht gelassen werden sollen. Gute Erfolge lassen sich mit allen Mulchmaterialien erzielen, sofern die Schichtdicke der Korngröße des Materials angepaßt ist (kleine Teile — dünne Schichten, grobe Teile — dicke Schicht).

Sonderformen der Mulchmaterialien sind die nichtorganischen, wie Splitt, Blähton, Kies oder Mulchfolien. Diese leisten im Garten jedoch nicht soviel wie die organischen, so daß sie getrost vernachlässigt werden können.

Teilweise sind sie in der Lage, Luftstickstoff für die Pflanze verfügbar zu machen, und erfreuen zum Teil durch äußerst gefälliges Aussehen und hübsche Blüten. Gründüngung schützt den Boden vor Frost, bis zu Temperaturen von minus 5 °C bleibt der Boden frostfrei, außerdem liefert sie wertvolles Kompostmaterial. Aus dem Genannten wird deutlich, daß, wo immer möglich, grüngedüngt werden sollte. Bei der Anwendung muß man sich jedoch vergegenwärtigen, daß es zwei unterschiedliche Gruppen von Gründüngungspflanzen gibt:

• Zum einen die *Schmetterlingsblütler (Leguminosen)*. Sie sind in der Lage, Stickstoff aus der Luft aufzunehmen und für Kulturpflanzen verfügbar zu machen (Leguminosen leben mit stickstoffsammelnden Bakterien in Symbiose). Der gesammelte Stickstoff würde bei der Blüten- und Samenbildung wieder verbraucht, daher ist es zweckmäßig, Leguminosen vor der Blüte abzumähen. Viele von ihnen werden ohnehin so hoch, daß schon aus diesem Grund gemäht werden sollte. Die gewonnene Stickstoffmenge kann bis zu 20 g pro m² betragen. Bekanntester Vertreter der Leguminosen ist die

Lupinen

**Übersicht 8:** Gründüngungspflanzen für den Garten:

| Boden | Pflanze | Saatzeit | Saatmenge (g/m²) | Winterhart |
|---|---|---|---|---|
| leicht | Buchweizen | Apr.–Jul. | 15–20 | nein |
| | Serradella | Apr.–Jul. | 5–10 | ja |
| leicht bis mittel | Lupine | Apr.–Sep. | 20–30 | nein |
| | Winterwicke | Aug.–Okt. | 15–20 | ja |
| mittel | Inkarnatklee | Jun.–Aug. | 4–8 | ja |
| | Ölrettich | Sep.–Apr. | 4–6 | bedingt |
| | Gelbsenf | Apr.–Sep. | 4–6 | nein |
| | Winterraps | Aug. | 4–6 | ja |
| mittel bis schwer | Steinklee | Apr.–Mai | 5 | ja |
| schwer | Weißklee | Apr.–Okt. | 4–6 | ja |
| alle Böden | Sonnenblume | Apr.–Jun. | 4–6 | nein |
| | Bienenfreund | Apr.–Aug. | 2–4 | bis −8 °C |
| | Futtererbse | Apr.–Jul. | 20–30 | nein |
| Kalkböden | Esparsette | Apr.–Sep. | 30 | ja |

Für den Fall, daß eine Vielfalt an Gründüngungspflanzen bevorzugt wird, bietet sich der Rückgriff auf eine fertige Handelsmischung an. Diese werden von vielen Firmen angeboten. Zu beachten ist hierbei, wie auch sonst, die angegebene Wuchshöhe.

Lupine; sie ist extrem tiefwurzelnd und erfreut durch große Blütenpracht. Gelbe, blaue und weiße Sorten empfehlen sich besonders. Lupinen lieben leichte bis mittlere Böden. Auf schweren Böden findet der Gelbklee Verwendung, der den Vorteil der Winterhärte hat, also nicht jährlich neu gesät werden muß. Weitere Vertreter der Leguminosen sind die Ackerbohne und die Futtererbse; diese sind, wie die Lupine, nicht winterhart. Esparsette, Winterwicken und Serradella sind winterhart.

• Die andere Gruppe der Gründüngungspflanzen, die *Nichtleguminosen,* sammelt keinen Stickstoff, hat aber ansonsten alle Eigenschaften, die die Gründüngung auszeichnen. Gegenüber den Leguminosen zeichnen sich diese

Pflanzen durch im allgemeinen besseres Aussehen aus. Sie finden Platz in Gartenflächen, die ohnehin gedüngt werden, wo aber der Zierwert entscheidend ist. Besonders tut sich hier der Bienenfreund (Phacelia) hervor. Sowohl seine Blätter als auch seine zahlreichen Blüten verleihen ihm einen Gartenwert, der über dem vieler oft verwendeten Zierpflanzen liegt. Wie der Name schon andeutet, dient er als Nahrung für Insekten, die im Garten die Schädlingsbekämpfung übernehmen.

Um eine Entscheidung für diese oder jene Gründüngungspflanze aus den beiden genannten Gruppen zu erleichtern, siehe die Auswahl geeigneter Pflanzen mit ihren wichtigsten Eigenschaften in vorstehender Tabelle.

**Tip:** Kleine Saatgutmengen lassen sich bequemer und vor allem gleichmäßiger ausbringen, wenn das Saatgut mit Sand gemischt wird, bis die Menge sich gut verstreuen läßt.

# 8
# Der Regenwurm – des Gärtners bester Freund

Zwar wurde an entsprechender Stelle in diesem Buch schon mehrfach auf die positive Rolle des Regenwurms bei der Bodenpflege hingewiesen, die außerordentlichen Leistungen dieser Tiere machen es jedoch nötig, diesem Thema ein gesondertes Kapitel zu widmen. Nicht immer war der Regenwurm ein gern gesehener Gast im Garten. In einem um die Jahrhundertwende erschienenem Gartenbaulexikon schreibt der Autor: »... Obwohl sich der Regenwurm vorzugsweise von faulenden Pflanzenstoffen ernährt, so wird er doch durch sein Wühlen ... schädlich, indem er die Wurzeln lockert und die Feuchtigkeitsverhältnisse des Erdreichs stört. ... Das beste Mittel gegen das Überhandnehmen des Regenwurmes ist fleißiges Auflesen ... mache man es den Arbeitern zur Pflicht ... den Regenwurm abzusammeln.« Dieser schon exotisch klingende Hinweis fand vor einigen Jahren sein genaues Gegenteil in einer Euphorie für den Wurm, die ebenso falsch war. Mit Hilfe des Regenwurmes, so meinte man, sollten die Welternährungsprobleme gelöst werden können, zumindest aber jeder Boden fruchtbar gemacht werden. Regenwurmfarmen schossen wie Pilze aus dem Boden. Die meisten von ihnen verschwanden schnell wieder, als die Tätigkeiten des Regenwurms ernsthaft betrachtet wurden. Der Regenwurm, oder besser gesagt, die verschiedenen Regenwürmer — es gibt allein in Deutschland über 30 verschiedene Arten — verdienen es, beim Gärtner besser bekannt zu sein. Die bekannteste Art ist der Tauwurm, der auf fast jedem Boden vorkommt und bis zu 30 cm Länge erreicht. Am zweithäufigsten ist

der Mistwurm, der kleiner und etwas heller ist. Der Mistwurm lebt nur in stark humosem Milieu, wie Mist oder Kompost (die zum Kauf angebotenen Regenwürmer sind fast ausnahmslos Mistwürmer, die im Gartenboden wegen des fehlenden Humus schnell sterben oder abwandern). Diese beiden, wie auch alle anderen Arten besitzen keine Zähne, können also keine Pflanzen anfressen, wie häufig behauptet wird. Sie ernähren sich ausschließlich von toter organischer Substanz, wie Blättern, Halmen, kleinen Federn etc.. Diese werden mit dem Mund angesaugt und ins Erdreich gezogen. Dort verbleiben sie, bis sie im richtigen Maß gewelkt sind; erst dann frißt der Wurm. Bei diesem Fressen unter der Oberfläche ist es unausweichlich, daß mineralische Bodenbestandteile mit aufgenommen werden. Zusammen mit den Verdauungsprodukten der organischen Substanz bilden diese schon im Darm des Wurms die wertvollen Ton-Humus-Komplexe. Der Regenwurmkot wird entweder an der Erdoberfläche (kleine spitze Häufchen), oder an den Wänden der Regenwurmgänge ausgeschieden. Interessant ist hierbei, daß der $pH$-Wert des Kots immer zwischen 6,5 und 7,5 liegt, egal wie sauer das Ausgangsmaterial war. Die Menge des Kots beträgt bis zu 400 g pro Jahr und Wurm. Das Gewicht der Regenwürmer pro Quadratmeter Bodenfläche kann 0,4 bis 0,5 kg betragen. Die Menge an Ton-Humus-Komplexen, die unter diesen optimalen Verhältnissen entstehen kann, ist beachtlich. Aber auch wenn weniger Würmer vorhanden sind, erfüllt der Kot eine wichtige Funktion im Boden. In ihm entwickeln sich Pilze, Bakterien und Algen in idealer Weise, diese wiederum tragen zur Entwicklung der Bodengare bei. Die rege Grabetätigkeit des Regenwurms ist nicht minder von Bedeutung. Die Gänge, bis zu 20 m Länge pro Quadratmeter, durchlüften

Regenwürmer sorgen für eine gute Durchlüftung des Bodens und bewirken eine gute Durchmischung der organischen und mineralischen Bodenbestandteile

den Boden und sorgen für schnellen Gasaustausch, sie leiten Wasser ab — vereinzelt wurden noch in 7 m Tiefe Regenwurmgänge entdeckt — und erleichtern Pflanzenwurzeln den Zugang in tiefere Bodenschichten. Regenwürmer können Untergrundverdichtungen beseitigen bzw. sie gar nicht erst entstehen lassen. All diese Tätigkeiten des Wurms machen ihn unentbehrlich und zum besten Freund des Gärtners, aber nicht nur des Gärtners; in den letzten Jahren wurde wissenschaftlich belegt, daß der Wurm bei der Hausmüllbeseitigung wertvolle Dienste leisten kann. Bestimmte Arten sind in der Lage, mit Schwermetallen belasteten Hausmüll so zu verkompostieren, daß die Schadstoffe in weniger gefährliche Verbindungen eingebaut oder im Boden festgelegt werden. Auf diesem Gebiet wird dem Wurm »eine große Zukunft« vorhergesagt.

Zum Abschluß noch ein Tip zur Regenwurmvermehrung. Es stimmt zwar, daß Regenwürmer Zwitter sind, zur Vermehrung sind aber dennoch zwei Exemplare notwendig, die sich gegenseitig befruchten. Auch das oft empfohlene Teilen der Würmer zur künstlichen Vermehrung ist sinnlos, da nach einer Teilung nur das Kopfteil, und auch dieses nur, sofern es lang genug ist, weiterlebt.

# 9
# Grundsätze der Bodenpflege – eine Zusammenfassung

- Boden immer ganz bedeckt halten (siehe S. 74).
- Boden nie tiefer bearbeiten als unbedingt nötig (siehe S. 49).
- Nasse Böden weder betreten noch bearbeiten (siehe S. 45).
- Nur ein belebter Boden kann ein guter Boden werden (siehe S. 18).
- Gesteinsmehl verbessert jeden Boden und Kompost (siehe S. 36).
- Niemals Oberboden in den Untergrund bzw. Unterboden an die Oberfläche bringen (siehe S. 58).
- Torf im Garten ist »beerdigte Natur« (siehe S. 57).
- Eine leichte Unterversorgung ist einer leichten Überdüngung vorzuziehen (siehe S. 25).
- Mechanische Verdichtung des Bodens muß, wo immer möglich, vermieden werden (siehe S. 58).
- Gutes gepflegtes Werkzeug ist die Grundlage guter Arbeit (siehe S. 46).

◄
Wenn alle Regeln der Bodenpflege sorgfältig beachtet werden, bleiben Boden, Pflanze und Umwelt gesund, und der Erfolg des Gärtners ist gesichert

# 10
# Kleines Lexikon der Bodenkunde, Pflanzenernährung und Düngung

**aerob/ärob:**
luftliebend, zum Leben Luft (-sauerstoff) benötigend

**Ammoniak:**
gasförmige Stickstoff-Verbindung ($NH_3$), Ausgangsform des Ammoniums

**Ammonium:**
chemische Verbindung aus Stickstoff und Wasserstoff (chem. $NH_4^+$), Bestandteil vieler Mineraldünger

**anaerob/anärob:**
luftfeindlich, zum Leben Luft (-sauerstoff) nicht benötigend

**anorganische Verbindungen:**
Stoffe, die keine Kohlenwasserstoffe in einer Form enthalten, wie sie in Lebewesen vorkommt. Anorganische Stoffe sind Ausgangsprodukt für den Aufbau von Pflanzen und Endprodukt des Abbaus von Lebewesen

**Antibiotika:**
Stoffe, die von Organismen ausgeschieden, bei anderen Stoffwechselfunktionen blockieren; z. B. scheiden Schimmelpilze Penicillin ab und hemmen dadurch das Wachstum von Bakterien

**Ausgangsgestein:**
Gestein, das nach Verwitterung die Grundlage für die Bodenbildung ist

**Bittersalz:**
Magnesiumsulfat ($MgSO_4$); enthält für die Pflanzen die Hauptnährelemente Magnesium (Mg) und Schwefel (S)

**Blattdüngung:**
Nährstoffgabe, die über das Blatt aufgenommen wird. Notmaßnahme bei akuten Mangelerscheinungen, z. B. bei Stickstoffmangel Harnstoffspritzung

**Blattgrün:**
siehe Chlorophyll

**Bleichhorizont:**
Schicht des Bodenprofils, die durch Auswaschung von Humus und Nährstoffen ausgebleicht ist

**Blütenendfäule:**
Pflanzenkrankheit aufgrund von Kalziummangel bei feuchter Witterung. Die Blüten (-knospen) verhärten und werden braun

**Bodenaggregate:**
siehe Ton-Humus-Komplexe

**Bodengare:**
Zustand der Bodenstruktur, bei dem die Fruchtbarkeit gegeben ist. Bodengare liegt vor, wenn sehr viele Ton-Humus-Komplexe vorhanden sind

**Bodendünger:**
Düngemittel, die die Bodenfruchtbarkeit durch Verbesserung der Bodenstruktur und Belebung des Edaphons erhöhen (organische Düngemittel, Kalk)

**Bodenhilfsstoffe:**
Stoffe, die den Boden in seinen Eigenschaften verbessern, z. B. Gesteinsmehl

**Bodenleben:**
kleine Tiere und Pflanzen, die unter der Bodenoberfläche leben. Die Gesamtheit der Bodentiere wird Bodenfauna, die der Bodenpflanzen Bodenflora genannt

**Bodenluft:**
die im Boden in den Poren vorhandene Luft. Sie dient aeroben Bodenlebewesen und Pflanzenwurzeln als Atemluft

**Bodenmüdigkeit:**
Unfruchtbarkeit des Bodens für bestimmte Pflanzen, wenn zuvor auf der Fläche Pflanzen der gleichen Familie gewachsen sind

**Bodenporen:**
Zwischenräume zwischen den festen Bodenteilchen. Sie sind je nach ihrer Größe mit Bodenluft oder Bodenwasser gefüllt

**Bodenprofil:**
»Schichtung« des Bodens (Horizontfolge). Gibt Auskunft über den Bodentyp und den Zustand des Bodens

**Bodenraubbau:**
Nutzung des Bodens ohne Maßnahmen für seine Gesunderhaltung

**Bodenreaktion:**
pH-Wert des Bodens

**Bodenwasser:**
an den Bodenteilchen und in den Bodenporen vorhandenes Wasser

**Bohrstock:**
Spezialgerät zur Entnahme von Bodenproben

**Borax:**
chemische Verbindung (Natriumtetraborat) zum Düngen mit dem Spurennährelement Bor

**Branntkalk:**
Calciumoxid (CaO); entsteht durch Erhitzen natürlicher Kalke, dient zur Hebung des pH-Wertes im Boden und zur Düngung mit dem Hauptnährelement Calcium (Ca).

**Braunerde:**
Bodentyp auf kalk- und dolomitfreiem Gestein. Als Gartenboden geeignet

**Calcium:**
Hauptnährelement der Pflanze

**Chelatdünger:**
Düngerform, bei der der Nährstoff an organische Substanz gebunden ist. Sie finden Verwendung, um Nährstoffe vor Festlegung im Boden (in nicht pflanzenverfügbarer Form) zu schützen sowie zur Blattdüngung (z. B. Fetrilon, eisenhaltiger Chelatdünger)

**Chlorophyll:**
Blattgrün, es gibt den Blättern, Stengeln etc.

die grüne Färbung. Mit Hilfe des Chlorophylls findet die Photosynthese statt

**Chlorose:**
Vergilben der Blätter bzw. von Teilen des Blattes. Hervorgerufen durch Krankheiten oder Nährstoffmangel

**C:N-Verhältnis:**
Mengenverhältnis von Kohlenstoff (C) zu Stickstoff (N) in organischer Substanz. Wichtig bei der Rotte dieser Stoffe im Kompost

**Dauerhumus:**
Humus, der eine feste Struktur aufweist und nur schwer abbaubar ist. Er dient im Boden zur Strukturverbesserung und Nährstoffspeicherung

**Dünger:**
Stoff, der Pflanzennährstoffe enthält, oder durch Umsetzung im Boden Pflanzennährstoffe freisetzt

**Edaphon:**
Fachbegriff für Bodenleben (Bodenflora und -fauna)

**Einnährstoffdünger:**
Dünger, der nur einen Pflanzennährstoff enthält, z. B. Ammoniumchlorid ($NH_4Cl$)

**Eisen:**
Spurennährelement der Pflanze

**Enzym:**
Eiweißverbindung, die Stoffwechselprozesse steuert

**Erhaltungskalkung:**
Kalkgabe, die den erwünschten pH-Wert des Bodens erhält. In der Regel wird alle 3 Jahre eine Erhaltungskalkung durchgeführt

**Erosion:**
Abtragung (Verlust) von Oberboden durch Wasser oder Wind

**Eutrophierung:**
Überdüngung von Gewässern; führt zu übermäßigem Pflanzenwachstum und schließlich zu Fäulnisprozessen in den Gewässern

**Fäulnis:**
(unvollständige) Zersetzung organischer Stoffe unter Luft (-sauerstoff) -abschluß. Fäulnis ist bei der Kompostbereitung unerwünscht

**Ferment:**
siehe Enzym

**Frostgare:**
Gare des Bodens durch Frostsprengung (siehe Bodengare). Grobscholliger schwerer Boden

wird durch gefrierendes Wasser zersprengt. Diese unechte Gare dauert – wenn keine Stabilisierungsmaßnahmen ergriffen werden – nur kurze Zeit an

**Frostresistenz:**
Fähigkeit einer Pflanze Frost ohne Schäden zu überstehen

**Generatives Wachstum:**
Blüten- und Fruchtbildung der Pflanze

**Gesetz vom abnehmenden Ertragszuwachs:**
je besser die Pflanze mit Nährstoffen versorgt wird, desto geringer wird der Zuwachs durch weitere gleich große Düngergaben. Bei zu hoher Versorgung nimmt das Wachstum wieder ab

**Haftwasser:**
der Teil des Bodenwassers, der fest an Bodenteilchen gebunden ist. Haftwasser ist nicht oder nur schwer pflanzenverfügbar

**Harnstoff:**
stickstoffreiche organische Verbindung, ursprünglich aus tierischem Harn gewonnen, heute synthetisch hergestellt

**Hauptnährstoffe (-elemente):**
siehe Makronährstoffe

**Humifizierung:**
Umwandlung organischer Ausgangssubstanz in Humus durch das Bodenleben

**Huminsäuren:**
hochmolekulare organische Säuren; sie entstehen bei der Humifizierung und geben dem Boden die dunkle Farbe

**impfen:**
das Impfen von Boden oder Kompost heißt, ihm Bodenleben oder bestimmte Bakterien etc. zufügen, um Umwandlungsprozesse zu beschleunigen

**Ion:**
elektrisch geladenes Atom oder Molekül. Die anorganischen Pflanzennährstoffe liegen im Bodenwasser als Ionen vor, z. B. Kalium als $K^+$, Phosphor als $H_2PO_4^-$ oder $HPO_4^{2-}$

**Kainit:**
Kaliumdünger, enthält Kalium in Chloridform (KCl)

**Kalium:**
Hauptnährelement der Pflanze

**Kalkstickstoff:**
Stickstoffdünger, der vorübergehend wildkrauthemmende Substanzen (Cyanamid) freisetzt

**Kalzium:**
siehe Calcium

**Kapillaren:**
enge Röhrchen im Boden, in denen Wasser aufsteigen kann

**Kolloide:**
kleine Bodenbestandteile ($\varnothing$ kleiner als 0,002 mm), die elektrisch geladen sind. Sie binden (sorbieren) Nährstoffe, die dadurch vor Auswaschung geschützt sind

**Korngröße:**
Durchmesser der Einzelkörner (der mineralischen Bodensubstanz)

**»Kunstdünger«:**
mineralische Dünger, die in natürlichen Lagerstätten abgebaut (z. B. Kalium, Magnesium, Phosphor) oder synthetisch hergestellt werden (Stickstoff)

**Kupferschlackenmehl:**
Kupfersulfat aus Hochofenschlacke, dient zur Düngung mit dem Spurennährelement Kupfer

**Ladungsausgleich:**
Vorgang, bei dem positive und negative Teilchen eine Verbindung eingehen, die zu einem neutralen Zustand führt

**Lehm:**
mineralische Bodensubstanz, bestehend aus Ton, Schluff und Sand

**Lignin:**
Holzstoff; Substanz der Zellwand

**Löschkalk:**
Gemisch aus Branntkalk (CaO) und Wasser ($H_2O$), ergibt $Ca(OH)_2$. Findet Verwendung als Kalkdünger und zur Erhöhung des pH-Wertes

**Makronährstoffe:**
Hauptnährelemente der Pflanzen: Stickstoff (N), Phosphor (P), Kalium (K) und Magnesium (Mg) sowie Calcium (Ca) und Schwefel (S); sie sind unverzichtbar für das Pflanzenwachstum und werden in größerer Menge benötigt

**Mangan:**
Spurennährelement der Pflanze

**Mangelsymptome:**
sichtbare Schäden an Pflanzen (z. B. roter Blattrand = Phosphormangel). Durch Unterversorgung mit Pflanzennährstoffen hervorgerufen

**Mehrnährstoffdünger:**
Kombination von Hauptnährstoffen (N, P, K, Mg) und evtl. Spurennährstoffen. Anwendung zur Erhaltungsdüngung

**Mikronährstoffe:**
Eisen (Fe), Mangan (Mg), Bor (B), Zink (Zn), Kupfer (Cu), Molybdän (Mo): auch Spurennährelemente genannt; unenbehrlich für das Pflanzenwachstum, werden aber nur in geringen Mengen benötigt.

**Mineralisation:**
Umwandlung von Humus in Mineralnährstoffe durch das Edaphon

**mineralische Bodenbestandteile:**
Anorganische Substanzen des Bodens (Sand, Ton, Schluff, Steine)

**mineralische Dünger:**
siehe »Kunstdünger«

**Mitscherlichgesetz:**
siehe Gesetz von abnehmenden Ertragszuwachs

**Molybdän:**
Spurennährelement der Pflanze

**Moorbeetpflanzen:**
lieben saure Böden (pH-Wert 3,5 bis 4,5), z. B. Rhododendron, Heide, Sauergräser

**Moräne:**
eiszeitlich bedingte Gesteinsablagerungen

**Mykorrhiza:**
Zusammenleben (Symbiose) von Pflanzenwurzeln mit Bodenpilzen zu beiderseitigem Nutzen

**Nährhumus:**
organische Substanz, welche durch Bodenleben (Edaphon) in pflanzenverfügbare Nährstoffe umgewandelt wird

**Nährstoffauswaschung:**
bei mangelhafter Sorption von Nährstoffen (an Ton-Humusteilchen) werden diese durch Niederschläge zum Grundwasser abgeführt

**Nährstoffe:**
siehe Mikro- und Makronährstoffe

**Nekrose:**
hervorgerufen durch Absterben von Pflanzenteilen (Braun-Schwarzfärbung von Blättern, Rinde etc.)

**Nitrat:**
Stickstoff ($NO_3{}^-$) Hauptnährstoff der Pflanze

**Nitrit:**
$NO_2{}^-$; für Pflanze, Mensch und Tier giftige Stickstoffverbindung (siehe Stickstoffreduktion)

**Oberboden:**
früher Mutterboden; die mit Humus, Wurzeln und Bodenleben durchsetzte oberste Bodenschicht

**Optimalbereich:**
ist der Nährstoffgehalt im Boden, bei dem die Pflanzen optimal wachsen können; spielt auch bei Düngemaßnahmen eine große Rolle (siehe Mitscherlichgesetz)

**organische Dünger:**
pflanzliche und tierische »Abfälle« und deren Umwandlungsprodukte (z. B. Hornmehl, Stallmist, Gründünger, Kompost)

**organische Verbindungen:**
kohlenwasserstoffhaltige Verbindungen, die in Lebewesen vorkommen

**Ortstein:**
»Schicht« (Horizont) im Unterboden von Podsolen, die durch Ausfällung von aus dem Oberboden ausgewaschenen Humuskolloiden sowie Eisenverbindungen entstehen und sich zu »Stein« verfestigen

**Parabraunerde:**
lehmiger Bodentyp auf kalkhaltigem Ausgangsmaterial

**Patentkali:**
Kalimagnesia; enthält Kalium und Magnesium in Sulfatform ($K_2SO_4$, $MgSO_4$)

**pflanzenverfügbares Wasser:**
der Teil des Bodenwassers, der von Pflanzen aufgenommen werden kann

**Phosphor:**
Hauptnährelement der Pflanze

**Photosynthese:**
Vorgang in den grünen Pflanzenteilen, bei dem aus Wasser, Kohlendioxid und Licht (-energie) Traubenzucker entsteht

**physiologisch versauernde Dünger:**
Düngemittel, die nach Aufnahme durch die Pflanze auf den Boden pH-Wert-senkend (versauernd) wirken

**Podsol:**
sandiger, unfruchtbarer Bodentyp auf silikatarmen Gesteinen

**Podsolierung:**
Vorgang, bei dem durch falsche Bodenbehandlung die Bodenqualität abnimmt. Der Boden wird podsolähnlich

**Pufferung:**
Fähigkeit des Bodens, Schwankungen des Nährstoffgehalts bzw. des pH-Wertes auszugleichen. Ein hoher Gehalt an Kolloiden (Ton, Humus) bewirkt ein hohes Pufferungsvermögen des Bodens

**Purine:**
stickstoffhaltige organische Verbindungen, Nahrung für das Edaphon

**Rendzina:**
flachgründiger, steiniger Bodentyp auf kalkhaltigem Ausgangsgestein

**Rhizosphäre:**
durchwurzelte Schicht des Bodens

**Rotte:**
Zersetzung und Umwandlung organischer Substanz durch aerobe Mikroorganismen

**Sand:**
mineralische Bodensubstanz mit einer Korngröße zwischen 0,06 und 2,0 mm

**Schattengare:**
Garezustand des Bodens durch Beschattung. Schattengare kann künstlich durch Mulchen bzw. Gründüngung erreicht werden

**Schluff:**
mineralische Bodensubstanz mit einer Korngröße zwischen 0,002 und 0,06 mm

**Schwarzerde:**
fruchtbarer Bodentyp auf Löß

**Schwefel:**
Hauptnährelement der Pflanze

**Sickerwasser:**
im Boden frei bewegliches Wasser, sickert langsam ins Grundwasser

**Sorption:**
Anlagerung von Ionen (elektrisch geladenen Nährelementen) an Bodenkolloide (Ton, Humus). Die Nährstoffe werden so vor Auswaschung geschützt

**Spaltöffnungen:**
Öffnungen meist an der Blattunterseite. Sie regulieren den Gasaustausch und die Transpiration der Pflanze

**Spurennährelemente:**
siehe Mikronährstoffe

**Starrtracht:**
durch Phosphormangel hervorgerufenes Schadbild der Pflanze. Die Blätter stehen unnatürlich steil aufrecht. Die Pflanze sieht »starr« aus

**Stickstoff:**
Hauptnährelement der Pflanze

**Stickstoffreduktion:**
Umwandlung des Nitrat-Stickstoffs ($NO_3^-$) zum Nitrit ($NO_2^-$) und schließlich zum Ammonium ($NH_4^+$)

**Stomata:**
siehe Spaltöffnungen

**Thomasmehl:**
zermahlene Schlacke aus der Metallverarbeitung; sehr phosphorreich. Hat hauptsächlich in der Landwirtschaft als Phosphordüngung Bedeutung

**Ton:**
mineralische Bodensubstanz mit geringer Korngröße (∅ kleiner als 0,002 mm)

**Ton-Humus-Komplexe:**
Kurzform THK; Bodenkrümel aus Tonmineralen und Huminsäuren. Sie werden vom Bodenleben, besonders dem Regenwurm, gebildet

**Überschußsymptome:**
schadhafte Veränderungen an der Pflanze durch ein Überangebot an Nährstoffen

**Unterboden:**
mittlere Schicht des Bodenprofils zwischen Ausgangsgestein und Oberboden

**vegetatives Wachstum:**
Wurzel-, Trieb- und Blattwachstum der Pflanzen

**Verdichtung:**
durch Verschlämmung oder mechanische Belastung entstandener Verlust an Bodenporen; führt zur Vernässung

**Verdunstung:**
Wasser an der Bodenoberfläche oder auf der Pflanze verwandelt sich durch die Sonneneinstrahlung in Wasserdampf und steigt als Gas auf
Verdunstung des Bodens = Evaporation
Verdunstung der Pflanze = Transpiration
Verdunstung von Boden und Pflanze zusammen = Evapotranspiration

**Vernässung:**
durch Bodenverdichtung entstehen Sperrschichten, dadurch können Niederschläge nicht ausreichend versickern. Der Boden vernäßt, was viele Nachteile für das Pflanzenwachstum mit sich bringt

**Verwitterung:**
physikalische, chemische und biologische Zer-

setzung von Gesteinen; sie ist der Beginn der Bodenbildung

**Vitamine:**
chemische Stoffe, die Lebensvorgänge steuern. Sie werden in der Regel durch Pflanzen gebildet und sind für Tier und Mensch unentbehrlich

**Weihnachtsbaumeffekt:**
Chlorosen zwischen den Blattadern. Die grünen Blattadern erinnern dabei an die Kinderzeichnungen von Weihnachtsbäumen

**Welketracht:**
»schlappes« Aussehen von Pflanzen. Herabhängende Blätter, meist durch **Wassermangel oder Staunässe** hervorgerufen

**Wuchsstoffe:**
Pflanzenhormone, die Wachstum und Entwicklung der Pflanze steuern. Sie werden von der Pflanze selbst gebildet, können aber auch appliziert werden

**Zellulose:**
Bestandteil der pflanzlichen Zellwände; sie dienen dem Bodenleben als Nahrung

**Zink:**
Spurennährelement der Pflanze

**Zwergwuchs:**
durch Nährstoffmangel oder widrige Bodenverhältnisse hervorgerufenes unnatürliches Kleinbleiben der Pflanze

# Weiterführende Literatur

BÖHLMANN, D., 1982: Ökophysiologisches Praktikum — Grundlagen des Pflanzenwachstums. Pareys Studientexte 33. Berlin, Hamburg: Paul Parey.

BÖHM, C., 1987: Pareys Gartenhandbuch. Berlin, Hamburg: Paul Parey.

BUND, 1983: Wir leben von 30 Zentimetern (Bodenschutzprogramm des BUND). Bonn: Selbstverlag.

ERVEN, H., 1981: Mein Paradies. Remagen: Selbstverlag.

FRIEDRICH, G., 1990: Der Obstbau. Berlin, Hamburg: Paul Parey.

GRAFF, O., 1983: Unsere Regenwürmer — Lexikon für Freunde der Bodenbiologie. Hannover: Schaper.

HALLER, A. VON, 1974: Die Wurzeln der gesunden Welt. Langenburg: Verlag Boden und Gesundheit.

KUNTZE, H., J. NIEMANN, G. ROESCHMANN und G. SCHWERDTFEGER, 1983: Bodenkunde. Stuttgart: Verlag Eugen Ulmer.

MICHAELI-ACHMÜHLE, P., 1985: Gartenpraxis von A–Z. München, Wien, Zürich: BLV Verlagsgesellschaft.

NILLER, 1990: Anbau von Gemüse, Gewürzkräutern und Pilzen im eigenen Garten. Hamburg, Berlin: Paul Parey.

RUSCH, H. P., 1978: Bodenfruchtbarkeit, eine Studie biologischen Denkens. Heidelberg: Verlag K. F. Hang.

SEIFERT, A., 1980: Gärtnern, Ackern — ohne Gift. München: Biederstein-Verlag.

SEYMOUR, J., 1979: Selbstversorgung aus dem Garten. Ravensburg: O. Maier.

SEYMOUR, J. und H. GIRADET, 1985: Fern vom Garten Eden. Frankfurt: Wolfgang Krüger Verlag.

TROLLENDIER, C., 1971: Bodenbiologie — Die Bodenorganismen im Haushalt der Natur. Kosmos Studienbücher. Stuttgart: Franckh'sche Verlagsbuchhandlung.

VOISIN, A., 1966: Grundgesetze der Düngung. München, Basel, Wien: BLV Verlagsgesellschaft.

ZIMMERMANN, W., 1975: Steine geben Brot. Rotenburg/Han.: Verlag Ernst-Otto Cohrs.

# Sachregister

(Begriffe, die im Kleinen Lexikon der Bodenkunde, Pflanzenernährung und Düngung auf den Seiten 84–89 erläutert werden, sind mit einem * gekennzeichnet)

ADP 29
aerob* 18, 67
Ammoniak* 19
Ammonium* 26
anaerob* 18, 67
Antibiotika* 19
ATP 29
Ausgangsgestein* 13, 15, 15, 16, 17
Auswaschung 23, 26, 27, 56, 57, 72

Basaltmehl 36
Beikraut 46, 59
Bentonit 69
Bentonitmehl 36
Bienenfreund 50, 78
Biomasse 12, 17, 63
Bittersalz* 40
Blähton 53, 54, 77
Blattdüngung* 27
Blumenwiese 60
Blütenendfäule* 54
Bodenabbau 59
Bodenaggregat* 23
Bodenaustausch 57
Bodenbakterien 18
Bodenbearbeitung 5
Bodendurchlüftung 18
Bodeneinbau 59
Bodenfauna 18, 19
Bodenflora 18

Bodengare* 20, 23, 24, 51, 53, 71, 76, 81
Bodenhilfsstoffe* 50
Bodenkolloid 23, 37, 38
Bodenkrümel 56
Bodenleben* 15, 19, 21, 22, 33, 34, 35, 47, 48, 49, 51, 52, 53, 54, 56, 63, 70, 71, 72, 74, 76
Bodenlebewesen 12, 17, 20, 21, 72
Bodenluft* 15, 21, 53
Bodenmüdigkeit* 11, 57
Bodenprofil* 13, 45
Bodenraubbau* 5
Bodenreaktion* 55
Bodenschnelltest 44
Bodenstruktur 18, 21, 44, 54, 55
Bodensubstanz, mineralische* 16
Bodensubstanz, organische 17
Bodentyp 13, 15
Bodenuntersuchung 43, 45
Bodenverdichtung 59
Bodenwasser* 15, 20, 21, 24, 26, 33
Bohrstock* 13
Borax* 31
Brache 33
Braunerde 14
Buschhäcksel 75

Calcium* 25
Chlorophyll* 29, 31
Chlorose* 28, 29, 54

# Mein Wassergarten

Von Karl Wienke und Axel Grambow. 1990. 318 Seiten mit 328 Farbabbildungen auf
64 Tafelseiten. Gebunden DM 39,80        ISBN 3-489-63124-2

Überall und zu allen Zeiten war das Wasser ein wesentliches Element der Gartenkultur. So
ist es auch heute. Ein Teich, ein Wasserbecken oder ein Springbrunnen machen das
Wasser zum beherrschenden, seine Umgebung prägenden Mittelpunkt und den Garten
zum faszinierenden Biotop.

Mit drei Schwerpunkten wendet sich dieses Buch an alle Gartenfreunde. Da ist einmal die
Erörterung der gestalterischen Zusammenhänge in Verbindung mit dem Wasser und zum
anderen die Pflanzenwahl. Hier sind die für den Wassergarten geeigneten Arten nach
ökologisch verwandten Gruppen aufgeführt und zusätzlich in Tabellen zusammengefaßt. Das weitere Anliegen des Buches ist die Darstellung der Technik für den
Wassergarten mit Hinweisen für den Schachtbau, den Betrieb von Pumpen und für die
dazugehörige Wassertechnik.

# Der große und der kleine Gemüsegarten

Naturgemäßer Anbau von Gemüse, Gewürzkräutern und Pilzen.
Weihenstephaner Erfahrungen

Von Ernst Niller. 1990. Ca. 240 Seiten mit ca. 36 Abbildungen, ca. 5 Zeichnungen
und Tabellen. Kartoniert ca. DM 36,—        ISBN 3-489-63224-9

Diese praktische Anleitung eignet sich besonders für Hobbygärtner, die mit dem
Gemüsebau neu beginnen oder ihn nach neuen Gesichtspunkten praktizieren wollen.
Aber auch der erfahrene Gemüsegärtner wird noch so manchen nützlichen Hinweis
finden.

Von der Beschreibung der geeigneten, auch der neueren und weniger bekannten
Gemüsearten, von der Aussaat bis zur Ernte, gibt der u.a. als Betriebsleiter einer
Gemüsezuchtstation erfahrene Autor eine praktische Darstellung des Gemüsebaues mit
Ratschlägen nicht nur für den Freilandanbau, sondern auch für Frühbeet und
Gewächshaus, für die Verwendung von Folien und Vliesen sowie für den Anbau auf
Hügel- und Hochbeeten. Er legt großen Wert auf die Beschreibung der organischen und
mineralischen Düngung mit Anregungen zur Nährstoffversorgung der einzelnen
Gemüsearten. Für den Pflanzenschutz werden sowohl integrierte als auch biologische
Verfahren angesprochen.

PAUL PAREY

Berlin und Hamburg

## Pareys Gartenhandbuch

Von C. Böhm. 1987. 438 Seiten mit 620 Farbfotos und 124 farb. Zeichnungen. Geb. DM 48,–     ISBN 3-489-62724

Da steckt Sachkunde drin. Auf jeder Seite. Und wer mit einer kräftigen Portion Sachkunde im Kopf hobbygärtnert, dessen Kirschbäumchen wird auch viele schmackhafte und gesunde Kirschen tragen. Er wird einfach mehr Spaß und Freude an seinem Hobby haben. Das Themenspektrum dieses 438-Seiten-Handbuches ist groß: Gartengestaltung, bauliche und architektonische Elemente im Garten (z.b. Gartenwege, Grillplatz, Frühbeet, Gewächshaus), Ökologie, wiederkehrende Gartenarbeiten, Maschinen, Geräte und Hilfsmittel, Krankheiten, Schädlinge und Unkräuter. Sehr ausführlich wird auf den Obst- und Gemüseanbau eingegangen. Die weiteren Themen sind: der Rasen, Ziergehölze, Rosen, Stauden, Einjahrsblumen, Zwiebel- und Knollengewächse, Steingartenpflanzen, Heidegärten, Gräser und Farne, Wasser im Garten, Blumen für Balkon, Terrasse und Dachgarten.

J. Höhne/P. G. Wilhelm
## Zwölf Monate im Garten
Planen, Pflanzen, Pflegen, Ernten

20. Aufl. von P. G. Wilhelm. 1982. 374 Seiten mit 385 Einzeldarst. in 153 Zeichnungen mit 237 Fotos, davon 107 farb. auf insges. 32, in die Paginierung einbezogenen Taf. und 27 Tab. Geb. DM 38,–.
ISBN 3-489-60124-6
Sonderausgabe Kart. DM 19,80

Monat für Monat – von Januar bis Dezember – bietet dieses bewährte Standardwerk ein vierteiliges Informationspaket für Gartenfreunde:

1. Grundlegendes und Gartengestaltung; 2. Blumen- und Zierpflanzen; 3. Obst; 4. Gemüse. Dazu kommen Arbeitsanleitungen, Tips, Anregungen, Hinweise und eine Menge guter Abbildungen, die den Text bildlich abrunden. Planen, säen, pflanzen, pflegen und ernten auf gemäßigt-biologischer Grundlage, das ist die praktische Gartenphilosophie dieses Ratgebers.

R. Herwig
## Pareys Zimmerpflanzen Enzyklopädie

Herausgegeben von Richard Maatsch. Aus dem Holländischen übersetzt von Barbara Tiemann. 1983. 288 Seiten mit 1500 Pflanzenbeschreibungen und 1000 Abb. Geb. DM 98,– ISBN 3-48961024-5

Hier ist das große, praktische Buch für alle Zimmerpflanzenfreunde. Außergewöhnlich reichhaltig ausgestattet und farbig illustriert, bringt das umfangreiche Werk umfassende Informationen über die für Zimmer, Blumenfenster, Balkon und Kleingewächshaus geeigneten Pflanzen. Die herausgeberische Betreuung des Werkes durch den in Kreisen der Berufs- und Hobbygärtnerei gleichermaßen bekannten Fachmann Professor Dr. Richard Maatsch, gewährleistet eine kompetente Darstellung des umfangreichen Wissens über Zimmerpflanzen bis ins kleinste Detail.

Preise: Stand 1.2.1990

 Berlin und Hamburg